Participation paysanne
et développement rural au Sénégal

PARTICIPATION PAYSANNE ET DÉVELOPPEMENT RURAL AU SÉNÉGAL

Sous la direction de
Mamadou Niang

CONSEIL POUR LE DÉVELOPPEMENT DE LA
RECHERCHE EN SCIENCES SOCIALES EN AFRIQUE

CODESRIA

Participation paysanne et développement rural au Sénégal

ISBN-10: 2-86978-132-6   ISBN-13: 978-2-86978-132-0

Composition par Sériane Ajavon

Impression par Lightning Source

Le CODESRIA exprime sa gratitude à l'agence suédoirede coopération pour le développment international (SIDA/SAREC), au Centre de recherche pour le développement international (CRDI), à la Fondation Ford, à la Fondation Mac Arthur, Carnegie Corporation, au ministère norvégien des Affaires étrangères, à l'agence danoise pour le développement international (DANIDA), au ministère français de la Coopération, au Programme des Nations Unies pour le développement (PNUD), au ministère des affaires étrangères des Pays-bas, à la Fondation Rockefeller FINIDA, NORAD, CIDA, IIEP/ADEA, OCDE, IFS, OXFAM America, UN/UNICEF, le gouvernement du Sénégal pour leur soutien généreux à ses programmes de recherche, de formation et de publication.

Sommaire

Liste des contributeurs

- **Hamady Bocoum**, chercheur, laboratoire Préhistoire, Département des Sciences Sociales IFAN Cheikh. Anta Diop, UCAD.

- **Cheikh Oumar Ba**, Sociologue ISRA Bambey.

- **Alexis Campal**, géographe Urbaniste Aménagiste.

- **Abdou Salam Fall**, Sociologue chercheur Département des Sciences Sociales IFAN Ch. A. Diop Dakar.

- **Alioune Fall**, chercheur, ISRA, Dakar.

- **Rokhaya Fall**, Maître-Assistant Faculté des Lettres Université Cheikh. Anta Diop, Dakar.

- **Mamadou Niang**, Juriste, Anthropologue, Maître-Assistant de recherches, IFAN Ch. A. Diop, Université Cheikh Anta Diop de Dakar.

- **El Hadji Seydou Nourou Touré**, chercheur laboratoire d'Histoire Département des Sciences Sociales IFAN Ch. A. Diop, Dakar.

Liste des tableaux

Liste des graphiques et cartes

Liste des sigles

ADY:	Association pour le Développement du Yamakeuye
AJAC:	Association des Jeunes Agriculteurs de Casamance
AJAEDO:	Association des Jeunes Agriculteurs et Eleveurs du Département d'Oussouye
AMANARI:	En langue Diola veut dire chacun mange à sa faim
AMICAR:	Amicale des Anciens du Centre CARA d'Affignam
APRAN:	Associations pour la Promotion Rurale de l'Arrondissement de Nyassia
ASC:	Association Sportive et Culturelle
BC:	Basse Casamance
CADEF:	Comité d'Action pour le Fogny
CADEV:	Comité d'Action pour le Développement de la Ville (Com mune) de Bignona
CER:	Centre d'Expansion Rurale
CILSS:	Comité permanent Inter-états de Lutte contre la Sécheresse au Sahel
CNCR:	Comité national de concertation des ruraux
CONGAD:	Conseil des ONG pour l'action et le développement
CORD:	Coordination des Organisations Rurales du Département de Bignona
CRDI:	Centre de Recherche pour Développement international
ENEA:	école nationale d'économie appliquée
FDGPF:	Fédération Départementale des Groupements de Promotion Féminine de Bignona
FED:	Fonds européen de Développement
FONGS:	Fédération des ONGs du Sénégal
GAO:	Groupements, Associations, Organisations paysannes
GIE:	Groupement d'Intérêt économique
GP:	Groupements de Producteurs
GRAS:	Groupement des Agriculteurs de Suel
GRET:	Groupe de Recherches et d'échanges technologiques

IFAN:	Institut Fondamental de l'Afrique Noire
ISRA:	Institut sénégalais de recherches agricoles
LUKAAL:	En langue diola signifie «Planton»
MAS:	Mission d'Aménagement du Fleuve Sénégal
MES:	Mission d'Étude du Fleuve Sénégal
MFR:	Maison Familiale et Rurale
MSU:	Michigan State University
NPA:	Nouvelle Politique agricole
ONCAD:	Office nationale de la commercialisation et de l'assistance au Développement
ONG:	Organisation Non gouvernementale
OP:	Organisation Paysanne
PIDAC:	Projet Intégré de Développement Agricole de la Casamance
SAED:	Société d'Aménagement et d'Exploitation des terres du Delta
SATEC:	Société d'Aide technique et de Coopération
SDRS:	Société de Développement rizicole du Sénégal
SODAGRI:	Société de Développement agricole de l'Anambé
SODEFITEX:	Société de Développement des Fibres textiles
SODEVA:	Société de Développement et de Vulgarisation agricole
SOMIVAC:	Société de Mise en Valeur Agricole de la Casamance
SONAR:	Société nationale d'Approvisionnement du Monde rural
UNCAS:	Union nationale des Coopératives agricoles du Sénégal

Introduction

Mamadou Niang

Le thème de participation paysanne et du développement rural figure parmi les projets sélectionnés par l'observatoire sur la crise sociale créée au sein du département des Sciences sociales de l'IFAN en 1995. Le projet fut soumis au CODESRIA, dans le cadre de son programme de constitution de groupes nationaux de travail.

Le concept de participation paysanne traduit une stratégie initiée par les acteurs du monde rural en vue de contribuer à la définition et à la réalisation des objectifs du développement.

En faisant le lien entre développement et participation, on assigne aux populations rurales des responsabilités qui leur permettent de prendre en charge leurs propres intérêts en vue de leur mieux-être.

Dans les sociétés traditionnelles africaines, le concept de participation est une réalité qui sous tend le travail communautaire au sein du carré familial et du village. Les travaux collectifs et les contrats coopératifs permettent d'accroître la productivité à moindres coûts et renforcent les liens de solidarité et de cohésion du groupe.

Pendant la période coloniale, les formules de participation paysanne furent limitées aux seules coopératives qui ont connu un échec à cause de l'endettement des paysans. Les modes d'encadrement de type bureaucratique et dirigiste furent privilégiés par la création de sociétés spécialisées dans la culture de rente. Les structures d'intervention en milieu rural, baptisées sociétés régionales de développement, auront pour objectifs l'insertion des paysans dans des structures de production et de commercialisation de ces cultures de rente. C'est ainsi que la politique agricole coloniale et post coloniale conduisit progressivement le pays vers une insécurité alimentaire. Les conséquences furent néfastes et ont contribué à détériorer l'environnement naturel par l'épuisement des sols, les défrichements massifs pour l'extension des zones de culture.

Le bilan de l'encadrement révèle de nombreux aspects négatifs. S'il est vrai que les sociétés régionales de développement ont permis des progrès en matière de technique culturale et d'équipement, il faut constater que beaucoup de lacunes persistent. Les cultures vivrières reculent en faveur des cultures de rente et l'élevage est défavorisé par rapport à l'agriculture. Les petits exploitants n'ont pas les moyens d'accéder à la terre, encore moins aux moyens techniques et financiers. Habitués au crédit, les paysans sont endettés au point de ne plus pouvoir payer ni la taxe rurale, ni la dette. Les causes de cet échec sont imputables à plusieurs facteurs dont principalement l'insuffisante prise en compte des besoins, aspirations et moyens des paysans. Le dirigisme bureaucratique de l'encadrement a contribué à développer chez les paysans une mentalité d'assisté. L'échec de l'encadrement eut pour conséquences le dépérissement des sociétés régionales de développement et la mise en place progressive du désengagement de l'État. Cependant, le désengagement de l'État, précédé de la politique d'ajustement structurel, opéra un transfert de responsabilités à des paysans laissés à eux-mêmes et sans moyens.

Le désengagement de l'État, amorcé depuis 1988, définit des orientations destinées à développer en milieu rural un entreprenariat basé sur une participation et une meilleure responsabilisation des paysans. Le désengagement permit également de favoriser en milieu rural l'émergence de mouvements associatifs capables de s'autogérer. Ces mouvements comprennent des associations paysannes, des groupements féminins, des GIE (Groupements d'Intérêt Économique), des ONG qui constituent la base du développement participatif.

Quant à la loi sur le Domaine national du 17 juin 1964, elle s'est heurtée à de nombreuses difficultés liées aux résistances des conceptions traditionnelles de détention, à l'insuffisance des moyens de mise en valeur et à l'absence de droit de propriété. Les traditions en matière foncière ont rendu difficiles les modes d'exploitation moderne par l'accaparement des terres par les autorités traditionnelles et religieuses. Les nouvelles autorités qui dirigent les conseils ruraux ont eu tendance à renforcer leurs privilèges. La modernisation des institutions rurales, par l'intégration des jeunes et des femmes, a amorcé un début de démocratisation des communautés rurales. Cependant, la mise en valeur, fondement du droit d'exploitation, a tendance à exclure une bonne partie des masses rurales dont les moyens limités ne favorisent pas les modes modernes d'exploitation des terres. Le discours sur l'accès et la propriété privée (ou la privatisation de la terre) exige une modification de la loi de 1964 et ouvre des perspectives de dépossession de petits exploitants en faveur de l'Agro-business. Le cas de la vallée est signifiant puisque l'espace foncier est disputé entre plusieurs acteurs possédant un petit capital (Agro-business, libano-syriens et immigrés de retour, etc.).

Les enjeux de la décentralisation et de la régionalisation peuvent-ils être déterminants sur le processus de libération du monde rural ?

Les lois de 1972 complétées par celles de 1996 sur la décentralisation créèrent des collectivités locales (régions, communes et communautés rurales). Il s'agit de personnes morales de droit public dotées d'autonomie financière avec des organes propres élus au suffrage universel. La libre administration des collectivités locales repose sur des textes dont le transfert des compétences, la gestion des ressources propres et la dotation de moyens financiers.

Dans cette réforme sur la décentralisation, on peut citer les limites de la promotion paysanne, le maintien des prérogatives de l'État, l'insuffisance des ressources financières, l'analphabétisme de la majorité des élus.

C'est autour de ces problématiques que des chercheurs, principalement universitaires, ont mené la réflexion. Les différents exposés dans cet ouvrage ont traité les thèmes de *l'immigration*, de l'accès à la terre, de la décentralisation, des mouvements associatifs et des forges rurales.

La contribution de Abdou Salam Fall met l'accent sur la concurrence au sein de la communauté des ONG. Cette étude reflète les conditions d'émergence et le pluralisme du mouvement des ONG intervenant au Sénégal. Il met en relief une communauté d'intervenants volontaires dont le trait d'identité repose sur l'engagement à construire: par des méthodes douces et participatives des voies alternatives du développement à la base et de changements sociaux. L'auteur démontre que ces mouvements des ONG s'affirment de plus en plus comme un contre pouvoir par sa capacité à se développer de façon autonome. L'analyse proposée ici s'inscrit dans la réflexion plus large tendant à montrer les forces et faiblesses des ONG en tant que mouvement social spécifique en expansion. Seydou N. Touré présente l'évolution du mouvement associatif sénégalais de 1960 à 1990. Son étude s'inscrit dans les mêmes perspectives de celles de Salam Fall et de Cheikh Oumar Bâ qui consistent à décrire en milieu rural les dynamiques de construction et de réponse aux attentes du mouvement paysan.

L'étude menée par Cheikh Oumar BA recentre le débat sur les organisations paysannes en Casamance. L'auteur pose le problème de l'efficacité des actions menées par les organisations paysannes intervenant dans un même espace et dans un même territoire. Pour expliquer le foisonnement organisationnel, observé dans certaines parties de la Basse Casamance, l'auteur a essayé d'établir la carte d'identité des principaux leaders associatifs paysans.

Qui sont-ils? Comment sont-ils parvenus au centre des phénomènes organisationnels? Les actions des différentes associations concourent-elles à la réalisation des mêmes objectifs ?

L'étude a été menée tant au niveau villageois qu'à l'échelle régionale. Pour la détermination de l'importance de la dynamique associative à une échelle villageoise, le village de Suel a été choisi comme exemple. Il est le théâtre où se confrontent une multitude d'organisations paysannes. A l'échelle régionale, l'auteur fait une analyse descriptive en vue de caractériser les principales organisations paysannes de la Basse Casamance.

Mamadou Niang présente les grandes caractéristiques du régime foncier sénégalais et dégage les perspectives pour les organisations paysannes.

L'auteur analyse également le discours sur l'accès à la propriété privée de la terre et conclut que les chances de promotion du monde rural risquent d'être compromises.

Alexis Campal analyse les enjeux et contraintes de la décentralisation par la description des communautés rurales du département de Mbour localisé dans la région de Thiès.

Cette contribution examine la place des communautés rurales dans le dispositif mis en place par la réforme de 1996, en particulier dans le partage des pouvoirs opérés par l'État. L'étude est étayée de données récentes qui permettent de mieux comprendre les capacités des collectivités décentralisées à exercer les compétences qui leur ont été dévolues dans le cadre du processus de décentralisation. L'analyse des auteurs aboutit à un constat d'échec qui démontre que dans leur grande majorité les communautés rurales du département ont une faible capacité financière. Dans ces conditions, il leur est difficile de prendre en charge, sur le plan technique, les compétences transférées en raison de l'absence de personnels qualifiés pour les exercer. C'est pourquoi dans la plupart des cas les autorités locales se font assister par les services déconcentrés de l'État. Presque trois décennies après leur création, les communautés rurales ne sont pas parvenues à s'affirmer comme de véritables supports de l'exercice du pouvoir au niveau local. D'autres constats qui découlent de l'étude font ressortir que les communautés rurales ne sont ni viables, ni suffisamment fonctionnelles. Cependant elles demeurent des centres d'émergence de la personnalité politique du monde rural.

Hamady Bocoum et Alioune Fall ont analysé la politique d'encadrement menée par le Sénégal depuis l'indépendance à l'aide d'une industrialisation extravertie. Les auteurs ont passé en revue les mutations opérées dans le monde rural dans le domaine des technologies adaptées. C'est dans ce contexte que la revitalisation de la forge joue un rôle important dans la révolution agricole.

Cette étude montre que les artisans du fer ont toujours été des acteurs économiques performants. Il ressort également de l'étude quelques questionnements non moins importants. Les forgerons constituaient-ils l'aristocratie la plus ancienne dans l'espace sénégambien depuis le 16e siècle ? Quel est le rôle de la forge rurale dans les nouvelles politiques agricoles ? Les réponses apportées à ces questions ouvrent la voie à une recherche pluridisciplinaire pour définir de nouvelles stratégies d'encadrement du monde rural.

L'étude de l'arrondissement de Birkelane menée par Rokhaya Fall fait état de mouvements migratoires pratiqués par les populations de cette zone comme des alternatives de développement. Cependant, la mobilité des populations de Birkelane n'est pas une stratégie opérationnelle comme c'est le cas dans le Bassin arachidier. L'exode et l'émigration n'ont eu d'impact ni sur les comportements des populations, ni sur le niveau économique de la zone de Birkelane restée dégradée. Par contre, l'émergence des associations féminines a favorisé une modification dans les mentalités, ce qui a permis des stratégies de participation dans divers domaines du développement. Ces stratégies ont développé de nouvelles formes de solidarité et accentuent les responsabilités des femmes, chefs de ménage.

L'ensemble de ces contributions si riches soient-elles, ne sauraient répondre à toutes les interpellations de la recherche développement relative au sujet mais elles ont le mérite d'enrichir le débat depuis longtemps engagé sur l'efficacité du développement participatif en milieu rural.

1

La politique foncière au Sénégal: Quelles perspectives pour les organisations paysannes?

Mamadou Niang

Introduction

Les perspectives de réformes opérées au Sénégal visent à développer un entreprenariat rural capable de favoriser l'auto-promotion paysanne. L'effectivité de ce processus dépendra en grande partie du statut de la terre dans le système actuel de décentralisation. L'accès à la propriété privée de la terre instaure un nouveau débat qui doit clarifier les rapports de l'homme à la terre, mais également les relations des communautés de base avec l'État dans un souci de promotion économique.

Le foncier ne saurait être dissocié d'un environnement où il évolue et auquel il est profondément rattaché. En effet, le développement présente une telle diversité et une telle complexité au point de solliciter des approches pluridisciplinaires, pluri-sectorielles. Le développement qui peut être défini comme un processus de transformations des «structures mentales et institutionnelles» interpelle des stratégies qui définissent une variété de modèles et dans les domaines sociaux les plus divers. En Afrique traditionnelle comme contemporaine, la terre constitue un enjeu social, politique et économique. Les politiques des États nouvellement promus à l'indépendance privilégient le foncier comme un instrument principal de promotion à la fois économique et sociale. L'accès à la terre est également devenu un enjeu important dans la recherche des voies et moyens pour une démocratie réelle et pluraliste.

L'intérêt de l'étude des systèmes fonciers en général et ceux d'Afrique en particulier n'est plus à démontrer. Les pays dits développés et actuellement industrialisés ont mis plusieurs siècles pour parvenir à leur niveau économique actuel grâce à un processus de transformation voire de révolution de leur agriculture. Aujourd'hui, les pays africains, face aux défis de l'autosuffisance alimentaire, de l'industrialisation, de la révolution technologique prennent de plus en plus conscience de la nécessité d'agir sur les structures et les facteurs de production. La gestion des ressources naturelles est une donnée importante dans la recherche de solutions aux problèmes de développement des pays ayant accusé un retard économique.

Le Sénégal s'inscrit parmi les pays qui cherchent leur voie à travers un changement social dans son sens le plus large possible. Dans les premières années d'indépendance, le Sénégal avait pris cette option par la voie de son premier Président de Conseil Dia qui avait défini des voies vers un socialisme participatif. Le socialisme du Président Dia qui s'est éteint très tôt occasionnait une rupture dans la volonté de créer les instruments d'un socialisme à base communautaire à travers les coopératives (textes législatifs et réglementaires de 1960). Cependant, malgré l'abandon des prémisses du socialisme de Dia devant les nouvelles orientations vers le libéralisme de Senghor, le Sénégal a très tôt défini de nouvelles options socialistes en légiférant sur le foncier par la loi du 17 juin 1964 portant Domaine national.

Cette loi de 1964 a évolué dans divers contextes historiques, politiques, sociaux qu'il serait difficile d'examiner dans le cadre de cette étude. Cependant, son examen nécessite une approche méthodologique capable au moins de cerner ses paramètres historiques, sociaux, économiques ou politiques. Les nombreuses hypothèses qui ont été établies pour évaluer cette loi s'accordent à identifier une forte résistance des traditions devant une tendance permanente à l'appropriation privée individuelle, une nécessité de mise en valeur pour répondre aux défis du développement et une meilleure protection des droits des communautés de base qui sont les principales utilisatrices.

À partir de ces hypothèses de base, peut-on définir ou dégager des indications pour une méthodologie dans l'étude du foncier au Sénégal?

Cette méthodologie se heurte à deux types de problèmes. Le premier est relatif aux concepts et le second aux différents contextes, voire à l'environnement dans lequel s'inscrit le foncier.

Un autre point méthodologique qui soulève des difficultés est la gestion de l'espace foncier. Le foncier est à la fois un espace d'habitation, agricole, pastoral, etc. La terre est donc, par essence, une source de conflits, de compétitions pour tous les acteurs qui veulent l'utiliser. Selon ces considérations, il convient d'analyser le foncier par rapport à un environnement multidimensionnel.

Les problèmes liés aux contextes historiques, économiques, sociaux sont également à envisager dans l'étude du foncier.

L'histoire du Sénégal est marquée par la création des monarchies du 16ᵉ siècle, l'extension de l'islam au 19ᵉ siècle et le contact avec l'occident caractérisé par la monétarisation de l'économie. Toutes ces influences sont déterminantes dans la gestion de l'espace foncier au Sénégal.

Sur le plan social, la dimension parentale reste un paramètre important dans les études sur le foncier. Les recherches anthropologiques ont démontré que l'unité spatiale coïncide avec l'unité parentale. En d'autres termes, cela signifie que c'est autour de la terre que se nouent les types de relations parentales. La socialisation même de la terre est liée à ce phénomène parental qui intègre aussi bien les vivants que les disparus.

Au niveau de l'histoire politique du Sénégal, la terre a constitué un enjeu important dans les techniques d'administration. Dans l'exercice du pouvoir traditionnel, les chefs politiques furent d'abord des chefs de terre. Dans les codifications contemporaines, le pouvoir éminent sur la terre est traduit par l'expression domaine national, patrimoine national, etc. Voilà brièvement présentés les éléments d'un cadre méthodologique en vue de mener une étude sur le foncier.

Les problèmes de concept sont très complexes et font référence à la variété des contextes surtout historiques.

En effet, la plupart des concepts ou catégories puisés dans le vocabulaire juridique occidental ne trouvent pas leur équivalent dans le lexique négro-africain. Par exemple, le concept de l'usufruit ne traduit pas en droit africain l'idée contenue dans le code napoléonien. Le Droit civil français fait de l'usufruit un contrat à durée déterminée, alors que l'usager africain qui exploite un lopin de terre jouit presque d'un contrat à durée indéterminée pourvu qu'il paie les redevances et qu'on le renouvelle dans sont droit de hache (c'est-à-dire de mise en valeur)[1].

À partir de ce cadre méthodologique, nous serons amenés à présenter les tendances évolutives du système foncier et ensuite de dégager les perspectives dans un contexte de développement économique.

Les tendances évolutives du système foncier sénégalais: Du droit colonial à la réforme du 17 juin 1964.

La politique foncière coloniale

Le code civil français en vigueur au Sénégal dès le 15 novembre 1830 avait créé la dualité des systèmes juridiques (statut de droit commun et statut coutumier). Ainsi donc, le droit de propriété individuelle inspiré du code civil français était étendu à l'Afrique noire.

L'application de ce droit de propriété de type civiliste fut précédée de certains principes destinés à assurer au colonisateur un droit éminent sur l'ensemble du territoire africain.

D'abord par le biais de traités inégaux, la France se voyait subrogée dans les droits des souverains politiques, des souverains traditionnels (Damels, Lamanes, etc.) pour être le seul successeur légitime et de bonne foi. C'est ainsi par exemple qu'un arrêté de Faidherbe du 11 mars 1865 permettait à l'État français de disposer de terrains dits «vagues». Par cet arrêté Faidherbe, les indigènes devaient solliciter un titre régulier de propriété parce qu'ils étaient considérés comme des détenteurs précaires.

Un autre principe qui renforçait le pouvoir colonial en matière foncière résidait dans la théorie des «terres vacantes et sans maîtres». Le pouvoir colonial par cette théorie croyait légitimer son éminence en décrétant le 23 octobre 1904 que l'État n'était propriétaire que des terres «vacantes et sans maîtres». Un décret du 24 juillet 1906 étendu dans toute l'Afrique introduisait le droit de l'immatriculation. Cependant, l'État colonial comprit très vite que le droit d'immatriculation, même partiellement destiné aux indigènes était inappliqué. Les autochtones continuaient à être régis par leurs modes de tenures coutumières et se considéraient comme «propriétaires sur les terres qu'ils occupaient». C'est alors que le législateur colonial prit un autre décret du 8 octobre 1925 en vue de donner la possibilité aux indigènes de faire constater leurs droits coutumiers auprès des autorités de l'administration coloniale. La procédure de constatation des droits coutumiers, si simplifiée fut-elle, n'a été que faiblement utilisée par les autochtones détenteurs de droits traditionnels.

Le législateur colonial décida de préciser les notions de terres vacantes et sans maîtres en introduisant le principe de mise en valeur ou d'occupation effective. Le décret du 15 novembre 1935 précisait que la notion de terres vacantes ne concernait que les terres ne faisant pas l'objet de titre foncier et inexploitées ou inoccupées depuis plus de dix ans.

Le décret du 15 novembre 1955 ramenait le délai d'inoccupation à cinq ans. La politique foncière coloniale s'inscrivait dans une stratégie globale consistant à introduire les principes modernistes du code civil napoléonien en vue d'instaurer le régime de propriété individuelle. Si cette politique a réussi sur le plan des techniques de l'assimilation, elle a connu un échec auprès des autochtones restés fidèles à leurs coutumes ancestrales.

La loi sur le Domaine national et la réforme de l'administration régionale et locale constituent les premiers instruments juridiques destinés à redéfinir les statuts de la terre. Cette transformation institutionnelle va introduire des techniques nouvelles dans l'attribution et la valorisation des terres.

La loi sur le Domaine national (loi 64-46 du 17 juin 1964)

La loi sur le Domaine national vise trois objectifs d'ordre juridique, économique et social.

L'objectif juridique consiste à unifier les droits traditionnels religieux et moderne en vue de réaliser une législation unique harmonisée par l'État sénégalais.

L'objectif économique consiste à mettre en valeur les terres afin de permettre aux paysans de s'impliquer dans les diverses actions de développement amorcées au sein de leurs collectivités.

L'objectif social, plus ambitieux, consistait à opérer en milieu rural un changement capable d'assurer la promotion sociale des communautés de base en accédant démocratiquement aux ressources naturelles.

L'appellation «Domaine national» fait référence à un patrimoine propre à l'État. En effet, le domaine national comprend une majorité des terres (98 %) situées sur le territoire national. L'article premier de la loi stipule:

«Constituent de plein droit le domaine national toutes les terres non classées dans le domaine public, non immatriculées où la propriété n'a pas été transcrite à la convention des hypothèques à la date d'entrée en vigueur de la présente loi; ne font pas non plus partie de plein droit du domaine national, des terres qui à cette même date font l'objet d'une procédure d'immatriculation au nom d'une personne autre que l'État.»[2]

L'État respecte les droits acquis des paysans qui exploitent des terres du domaine national à la date d'entrée en vigueur de la loi et il en est de même pour des titulaires de droit ayant fait l'objet d'immatriculation dans les délais prévus par la loi. Le domaine national ne concerne pas la totalité des terres parce que les droits acquis, les droits transcrits ou immatriculés échappent à la loi.

L'objectif du développement apparaît dans la loi dans son article 2 en ces termes:

«L'État détient des terres du domaine national en vue d'assurer leur utilisation et leur mise en valeur rationnelle, conformément aux plans de développement et aux programmes d'aménagement».

La loi a également divisé le domaine national en 4 catégories:

1) les zones de terroir destinées à l'habitat, l'élevage et l'agriculture,

2) les zones forestières destinées aux forêts classées,

3) les zones pionnières destinées aux projets de développement,

4) les zones urbaines à vocation urbaine.

Cette loi sur le domaine national devait être complétée par une réforme de l'administration régionale locale par la loi 72-02 du 11 février 1972.

La réforme de 1972 crée des communautés rurales qui sont des structures de participation par le regroupement des villages. Les communautés rurales constituent des collectivités locales dotées d'une personnalité juridique et financière. À leur tête se trouvent élus des conseils ruraux dont la compétence est d'affecter et de désaffecter les terres du domaine national. Par la création des communautés rurales, l'État a voulu à la fois créer des structures d'accueil à la réforme foncière de 1964 et amorcer en milieu rural le processus de décentralisation qui sera l'un des instruments privilégiés de la participation paysanne.

Voici les grands traits de ce dispositif créé en 1964 et en 1972. Sur le plan des techniques juridiques, le dispositif juridique sénégalais reste pertinent et a pu servir de modèle à quelques États de la sous-région (Togo-Niger). Cependant, la mise en œuvre d'une réforme soulève de nombreux problèmes liés au phénomène de réceptivité des lois. La loi sénégalaise de 1964 n'est pas une réforme agraire, même si celle-ci s'inscrit parmi ses objectifs lointains. Il s'agit d'une réforme des institutions coutumières qui ont évolué dans plusieurs contextes. C'est une loi de portée générale mais qui se heurte à de nombreuses difficultés dans son application. Sans prétendre procéder à une évaluation, il convient d'examiner dans les lignes qui suivent un certain nombre de résistances qui s'opposent à son application.

Les insuffisances du dispositif juridique moderne

Une relecture de la loi 64-46 révèle quelques vides juridiques sinon des lacunes quant aux divers modes d'utilisation de la terre et à l'exercice du pouvoir de décision.

L'article 15 alinéa de la loi de 1964 stipule: «des personnes occupant et exploitant personnellement des terres du domaine national à la date d'entrée en vigueur de la présente loi continueront à les occuper et à les exploiter.» Dans le texte, les personnes visées sont les exploitants, conformément aux objectifs de la loi qui confirme l'acte de mise en valeur qui seul justifie le droit. Cependant, la détention comme l'occupation ne traduit pas toujours l'acte de mise en valeur. Dans le droit foncier traditionnel, l'occupant d'une terre peut être le détenteur c'est-à-dire le «damane», maître de la terre qui peut concéder son droit à un exploitant. La difficulté soulevée par cette disposition aurait tendance à confirmer les détenteurs dans leurs droits en les confondant avec les exploitants. Tous les détenteurs traditionnels ou occupants n'ont pas toujours les moyens de mettre en valeur leur patrimoine foncier qu'ils détiennent de leurs ancêtres. Ainsi, l'article 15 gagnerait en clarté en supprimant le terme occupant pour ne retenir que le mot exploitant.

Par ailleurs, le terme personne mériterait une clarification sinon on risque de l'interpréter comme les personnes physiques exclusivement alors que la loi n'exclut pas les personnes morales. L'article 15 ainsi libellé en ces termes gagnerait en clarté «des personnes physiques et morales exploitant des terres dépendant du domaine national à la date d'entrée en vigueur de la présence loi continueront à les exploiter».

Au niveau du pouvoir décisionnel en matière d'affectation et de désaffectation des terres, des ambiguïtés créent des conflits de compétence entre diverses autorités traditionnelles (autorités traditionnelles, chefs de villages et Présidents de conseil rural).

En effet, la loi instituant les communautés rurales et les conseils ruraux exclut l'élection à la présidence les présidents de coopératives et les chefs de village (art. 48 loi 7275 du 19 avril 1972). Cette disposition cherche à éviter la concentration des pouvoirs au niveau des autorités traditionnelles. C'est ainsi que ni le chef de village, ni le Président de coopérative ne requiert compétence pour attribuer des terres. Si on considère que le chef de village est une autorité historique acceptée par les membres de sa lignée, il semble difficile de l'empêcher d'exercer une autorité en matière foncière. La pratique révèle que les affectations de terre sont faites par les chefs de village auxquels les demandeurs semblent s'adresser en priorité pour faciliter la procédure. Le plus souvent, le conseil rural ne contredit pas les décisions prises par le chef de village, au contraire il les entérine. Il en est de même pour le Président de coopérative ou le chef de quartier (Casamance) qui jouit d'un statut social lui permettant d'intervenir en matière foncière. La loi gagnerait en efficacité en associant au pouvoir décisionnel les autorités traditionnelles ayant une certaine emprise sur leurs communautés. La composition du conseil rural devrait être révisée en fonction des représentativités dans chaque localité.

En dehors de ces vides juridiques qui sont de nature à paralyser l'application de la loi, il existe d'autres types de difficultés qui sont des imprécisions, ou des «abus de droit» susceptibles de porter atteinte à la jouissance des droits des usagers de la terre.

Les formes de déchéance des droits des usagers du Domaine national

La notion d'utilité publique et la spoliation des droits des usagers

La notion d'utilité publique est un concept imprécis et générateur de difficultés préjudiciables aux intérêts des usagers des terres du Domaine national. C'est d'abord la Constitution sénégalaise qui en fait une condition de la garantie de la propriété. C'est l'article 12 de la loi fondamentale qui l'énonce en ces termes:

«La propriété est garantie par la constitution. Il ne peut y être porté atteinte que dans les cas de nécessité publique légalement constatée, sous réserve d'une juste et préalable indemnité.»

Peut être la notion d'utilité publique, une limitation des droits des usagers. Dans le cadre d'un aménagement rural, les travaux d'utilité publique peuvent concerner des domaines aussi divers que les travaux publics, l'assainissement, le reboisement, etc.

La notion d'utilité publique constitue une atteinte aux droits des paysans par la dépossession de leurs biens sans pour autant leur offrir des compensations substantielles et précises. En effet, l'indemnisation telle qu'elle est garantie en matière d'expropriation n'apparaît pas clairement dans le cadre des lois foncières 1964. L'article 29 du décret d'application 64 573 déroge aux principes posés par les articles 8 et 11 de la loi 64-46. L'État s'arroge le droit d'immatriculer les terres du Domaine national quand bien même celles-ci seraient déjà affectées dans les conditions énumérées par l'article 8 sous prétexte de la nécessité de la réalisation d'opérations déclarées d'utilité publique. En ce qui concerne l'indemnisation mentionnée dans les articles 32 et 38 (décret 64-573) aucune précision n'est donnée sur le montant ni sur les modalités.

En examinant les cas de désaffectation, on constate l'absence de garantie des usagers particuliers des terres du Domaine national. Les nombreux cas de désaffectation mentionnent: l'intérêt général de la collectivité qui peut exiger une autre affectation (art. 20 décret 573), la possibilité pour le conseil de réviser les affectations en vigueur en raison de l'évolution des conditions démographiques culturelles et économiques (art. 2). L'insuffisance de mise en valeur. Devant toutes ces formes de spoliation, les usagers n'ont que le recours pour défendre leurs droits. L'article 18 (décret 573) édicte que «la décision de désaffectation pourra faire l'objet d'un recours devant le gouverneur de la région (article 18 reprend l'article 15 de la loi 64-46 du 17 juin 1964. Le recours pour excès de pouvoir est prévu pour le conseil dans l'article 35 (loi 72-25 du 19 avril 1972) ainsi libellé». «Le conseil rural et, en dehors du conseil, toute partie intéressée, peut se pourvoir en annulation pour excès de pouvoir devant le conseil constitutionnel contre la décision explicite de l'autorité de tutelle». La limitation des droits des héritiers constitue une atteinte sérieuse à la protection et à la sécurisation des exploitants des terres du Domaine national. Selon l'article 22 (décret 64-573) les héritiers de l'affectataire ne bénéficiant pas automatiquement de l'affectation sauf dans des cas précis: dans les limites de leur capacité d'exploitation, la demande doit être adressée au président du conseil rural sous peine de déchéance dans un délai de six mois.

Le législateur a voulu rester fidèle à l'objectif de la loi sur le Domaine national qui privilégie la mise en valeur par l'exploitation des terres. Par ailleurs, il a voulu décourager le monopole des terres par une détention perpétuelle, ce qui serait contraire à l'esprit de la réforme. On pourrait cependant reprocher au législateur de ne pas pousser sa réflexion de façon à interroger la tradition. Dans les droits traditionnels, les droits de l'exploitant étaient stables, à durée indéterminée. Le droit de culture (droit de hache) une fois cédé, pouvait se conserver de génération en génération pourvu qu'il y ait renouvellement du contrat sous forme de redevances. Le droit perpétuel de culture est différent de l'usufruit ou de fermage qui est à durée déterminée. L'article 22 de la nouvelle loi rend les droits des héritiers précaires ce qui risque de nuire aux chances d'exploitation des terres. L'autre inconvénient qui découle de cette précarité des droits des héritiers, c'est le risque de conflits surtout lorsque la terre ancestrale passe à un autre individu ou groupe par le prétexte de mise en valeur. Il est vrai que la loi accorde le privilège aux héritiers, en cas de décès de l'affectataire mais elle exige des conditions limitatives. Une autre limite à l'application de la loi sur le Domaine national se trouve dans le concept de mise en valeur.

La notion de mise en valeur

Les conditions d'affectation des terres mettent en exergue la notion de mise en valeur. On peut même avancer que c'est la condition principale pour toutes les catégories de terres. Cette mise en valeur est soit individuelle, soit collective, les conditions de désaffectation mentionnent une insuffisance de mise en valeur. Cette notion de mise en valeur est renforcée dans le cas des zones pionnières auxquelles la loi confère les fonctions d'aménagement ou de développement. L'adoption de ce principe de mise en valeur demeure le fondement de la législation sénégalaise en manière foncière. Elle se justifie à plus d'un titre et ne contredit ni la politique foncière coloniale ni le droit traditionnel. Le droit colonial, depuis l'arrêté Faidherbe de 1867 jusqu'à l'adoption de notions de «terres vacantes et sans maître» a toujours voulu encourager la mise en valeur de la terre. Le droit traditionnel wolof et sérère, par le principe de droit de hache (*borom semiñ*) reconnaissait au titulaire de ce droit un titre perpétuel sur la terre à condition simplement de verser les redevances au lamane (*borom daye*).

Cependant, cette notion de mise en valeur demeure l'épée de Damoclès ou le cadeau empoisonné offert au monde paysan.

Le droit de mise en valeur a réussi d'abord à créer au sein du monde paysan sénégalais un clivage distinguant gros producteurs et petits producteurs. La culture de l'arachide qui fut une concrétisation de cette mise en valeur a permis de défricher une immensité de terres avec toutes les conséquences qui en découlent (exode - immigration - colonisation agricole - érosion des sols).

La distinction entre zones pionnières et zones de terroir n'a pas été bénéfique aux paysans. Les Sociétés qui ont défriché les zones pionnières pour des projets (Agro-business, Sociétés d'encadrement) ne se sont pas contentées des surfaces accordées par l'État, le plus souvent elles ont empiété sur les zones de terroir (conflit, compagnie sucrière village de Thiago,[3] etc.). La SAED qui avait morcelé des terres des zones pionnières pour les affecter à des particuliers ou groupements de producteurs fut obligé de revenir sur sa décision en vue de les rétrocéder aux communautés rurales.

La mise en valeur fut également prétexte pour encourager la spéculation foncière. D'abord ce sont les autorités nouvellement investies dans le domaine foncier (président de conseils ruraux et chefs de village) qui détournent la loi (ventes occultes de terres sous forme d'attribution illégale) les demandes de parcelles progressent surtout en zone périphérique urbaine et émanent d'une majorité de fonctionnaires déflatés ou à la veille de la retraite. Les parcelles octroyées ne sont pas toujours destinées à des terres de culture mais plutôt à des habitations.

Le désengagement de l'État risque de poser le problème de mise en valeur en termes difficiles. En effet, la présence de sociétés d'encadrement comme la SAED favorise la mise en valeur des terres notamment dans les zones pionnières. C'est ainsi que la SAED en concluant des contrats avec certains paysans se proposait de les assister dans le domaine de l'aménagement et de la fourniture en intrant. La commercialisation était facilitée par l'obligation pour les producteurs de vendre à la SAED.

Le désengagement va se traduire par le transfert de certaines responsabilités sans incidence financière aux paysans individuels ou organisés en groupement. Le désengagement aura pour conséquence immédiate de renforcer les zones de terroir dont les coûts d'aménagement sont moindres.

Cependant, même dans les zones de terroirs, les possibilités d'aménagement risquent de s'amoindrir par la culture irriguée, le coût de l'aménagement pour l'exploitation familiale reste élevé pour le paysan. L'exploitation familiale peu aménagée peut certes répondre aux objectifs de l'autosuffisance domestique mais elle est incapable de contribuer à l'accroissement des revenus paysans. Ainsi, les difficultés d'accès au crédit, l'insuffisance des moyens de production ne facilitent pas la commercialisation.

L'un des aspects positifs du désengagement pourrait consister au renforcement des capacités d'exploitation des zones de terroir c'est-à-dire des terres des communautés rurales.

La mise en valeur et les marginalisés du foncier (la femme, l'éleveur et l'étranger)

Les recherches sur le foncier identifient une marginalisation de certaines catégories sociales comme les femmes, les jeunes et certains étrangers.

Beaucoup d'arguments militent en faveur de la thèse de l'exclusion de la femme sans que de sérieux arguments soient développés. La plupart de ces thèses ne situent pas la femme dans son contexte social. Se situant dans l'imaginaire occidental, certains défenseurs de cette thèse comme les féministes mettent en exergue les droits individuels de la femme qui doivent s'exercer dans une société moderne.

Selon la conception négro-africaine d'appropriation ou d'utilisation du sol, la femme exerce ses droits à l'intérieur d'un groupe parental. Les possibilités d'accès à la terre dépendent du rôle qu'elle joue au sein de son groupe. Sur ce plan, elle se situe au même niveau que l'homme (le fils, le neveu ou le frère qui bénéficie simplement du droit de culture). Cependant, dans le cadre des institutions modernes, la femme peut être marginalisée dans l'exercice de ses droits parce qu'elle est soit représentée par son mari (qui d'ailleurs peut lui concéder un droit de culture) soit elle peut intégrer un autre foyer en dehors de son cadre parental et, dans ce cas, le lignage étranger lui offre une terre pour l'intégrer (loi de 1972). Dans le cadre des institutions modernes (communautés rurales) les textes n'excluent pas la femme, et certaines femmes, peuvent accéder à la présidence du conseil rural (même si la représentation statistique est faible).

Les éleveurs et le foncier c'est une problématique intéressante qui mérite d'être soulignée. Pour la vallée, les aménagements hydro-agricoles ont bouleversé les modes d'occupation et d'utilisation de l'espace. Les éleveurs risquent d'être projetés dans le diéri (inculte) si des aménagements hydro-agricoles ne sont pas prévus.

Les étrangers sont-ils exclus du foncier? Le concept d'étranger mérite une clarification compte tenu de l'ambiguïté qu'il crée. Madiodio Niasse distingue l'étranger (national et l'autochtone capable de lui disputer la terre). Mais il y a également l'étranger (vivant à l'extérieur et n'appartenant pas à la communauté sénégalaise) il peut s'agir d'un acteur de l'Agro-business européen ou d'un membre de la communauté libano-syrienne. La plupart des conflits fonciers opposent les autochtones villageois à ces types d'étrangers. Il peut s'agir de villageois immigrés comme des résidents rapatriés qui reviennent. Ce que S.M. Seck appelle transfrontaliers peut également constituer un groupe d'étrangers habitant l'autre frontière comme par exemple le Maure de Mauritanie venu exploiter une terre de la rive gauche et vice-versa.

Les difficultés liées aux modes de gestion de l'espace

Des problèmes de délimitation sont à l'origine de nombreux litiges au sein des communautés rurales, entre communautés rurales et communes et entre villages. Dans la tradition, les témoignages oraux suffisaient comme éléments de preuve (son du tambour, parcours du cheval, etc.). Ces limites et traces restent imprécises et inopérationnelles devant les techniques modernes comme le cadastre, le registre foncier.

La gestion de l'espace se heurte à des difficultés liées au déséquilibre au niveau démographique et au niveau des ressources. Au Sénégal, le déséquilibre spatial a engendré la mobilité des populations dont les conséquences ont été néfastes sur l'utilisation des ressources naturelles. Actuellement, les terres du Sénégal oriental subissent le colonat, mouride. Bakel en raison de l'immensité de sa superficie risque d'être une zone d'immigration. Les conséquences de cette situation apparaissent au niveau d'une série de conflits opposant plusieurs acteurs fonciers. Les conflits entre agriculteurs autochtones et étrangers risquent de prendre de l'ampleur dans les zones de cultures mécanisées comme la vallée. Les occupations de fait selon le modèle de l'habitat dispersé réduisent l'espace agricole dans de nombreuses zones d'immigration.

Les contraintes écologiques constituent une situation aggravante dans l'ampleur des difficultés de gestion de l'espace. L'appauvrissement des sols et leur baisse de fertilité contribuent à l'accumulation de réserves foncières incultes et destinées à l'élevage. Dans le Gandiolais, le taux de salinisation a considérablement réduit l'espace agricole qui était réservé au maraîchage et les agriculteurs sont obligés de se replier sur la seule culture de l'oignon. Dans la plupart des zones (du bassin arachidier) le taux de jachère reste faible à cause de l'insuffisance du potentiel foncier disponible.

Des difficultés liées aux modes de transmission des messages juridiques

L'une des contraintes majeures à l'application de la réforme foncière de 1964 est l'inefficacité du système de communication. En milieu rural les messages juridiques sont transmis en français. Déjà l'analphabétisme qui concerne la majorité des ruraux constitue un handicap pour le transfert des messages mais de surcroît les lois et règlements le plus souvent élaborés dans une pensée juridique extravertie marginalisent la plupart des communautés de base.

Par ailleurs, les procédures administratives relatives à l'application des textes sont trop complexes pour être utilisées par les populations. C'est ainsi que les notifications faites en français et dans les délais courts pénalisent beaucoup de ruraux qui les ignorent.

Les moyens de recours (administratif ou juridictionnel) ne sont presque pas utilisés par les particuliers qui, non seulement ignorent la procédure, mais sont éloignés des instances juridiques (le Conseil constitutionnel qui a remplacé la cour suprême est très éloigné du paysan de Bandafasi ou de Darou Marnane).

Les perspectives de réforme actuelle (l'accès à la propriété individuelle de la terre ou les tendances à la privatisation)

Au cours de l'année 1997 la réforme foncière du 17 juin 1964 a suscité de nombreux débats relatifs aux perspectives de privatisation de la terre. Ce concept de privatisation de la terre est difficile à admettre puisqu'il signifierait «une gestion privée de la terre» ce qui ne peut pas rendre compte de la réalité que l'on veut exprimer. Le discours des pouvoirs publics qui reproduit fidèlement celui de la Banque mondiale, suggère une modification de la loi en vue de favoriser l'accès à la propriété individuelle. L'argument en faveur de l'appropriation privée trouve sa justification dans la recherche de la sécurité foncière par des garanties en vue de créer un instrument juridique capable d'attirer les investisseurs. Le document de politique foncière (intitulé Plan foncier sénégalais) élaboré par le cabinet Panudit avec une équipe d'experts vient d'être publié pour indiquer les trois options parmi lesquelles figure la libération (pour un marché foncier libre).

L'accès à la propriété individuelle fut d'abord tenté par le colonisateur qui adopta le système d'immatriculation par le décret de 1932 étendu en AOF. Mais le système d'immatriculation jugé inopérationnel parce que non adapté au contexte africain subit très tôt un échec et ne concernait que les Européens ou assimilés. Une seconde tentative du colonisateur introduisait le système de constatation des droits coutumiers qui permettait aux indigènes de pouvoir transcrire leurs droits fonciers à l'aide de certificats administratifs selon une procédure simplifiée.

Les codifications africaines n'ont pas manqué de souscrire à l'action du colonisateur tentant de s'orienter vers l'accession à la propriété privée. Cependant, cette tentative fut timide et se reconvertit très vite à la nécessité de mise en valeur qui justifiait mieux le développement. C'est d'ailleurs dans ces perspectives de développement économique que le Sénégal trouva ces justificatifs de la nécessité de l'accès à la propriété privée (article 12 constitution précité).

La situation économique et démographique du pays est une justification majeure pour attirer l'attention des pouvoirs publics sur la nécessité de remodeler les comportements et de réaménager les institutions.

Le Sénégal a connu un taux de croissance démographique élevé (3 % en 1998). Sa population mal répartie sur le territoire crée un déséquilibre dans l'exploitation des ressources naturelles. Cette situation aggravée par la sécheresse et la dégradation des écosystèmes impose de nouvelles formes de migrations internes. Le bassin arachidier qui, pendant longtemps concentrait une partie de la population se déversa progressivement sur le reste du Sénégal et contribua très largement à l'exode rural.

Sur le plan économique, les mesures d'ajustement et les mesures déflationnistes de la Fonction publique ont réussi à dégrader le pouvoir d'achat des citadins et ont provoqué un retour à la terre en milieu rural. La Vallée du Fleuve Sénégal depuis la création des barrages est devenue «un foyer de tensions et de pesanteurs» où les enjeux fonciers se dessinent. (Thèse de Madiodio Niasse 1982)[4]. La culture irriguée est réactualisée par les techniques de mise en valeur instaurées par les projets de l'après-barrage, le canal du Cayor et les vallées fossiles. Ces projets vont remanier le mode de distribution des hommes dans l'espace sénégalais. Le renchérissement de la terre va susciter des mouvements vers les ressources naturelles dont il conviendra d'assurer la gestion et la protection.

Le désengagement de l'État tout en suscitant l'émergence des mouvements associatifs ouvre le monde rural à la pluralité d'acteurs qui risquent de se «disputer l'espace sénégalais».

Il convient d'observer qu'il existe des justificatifs pertinents et des raisons valables pour créer un instrument juridique favorable à l'accès à la propriété privée de la terre. Mais ces arguments suffisent-ils pour initier une réforme foncière libérale? On pourrait émettre quelques réserves à ces arguments si l'on situe le foncier dans son contexte socio-historique.

Affirmer que le concept de propriété privée n'existe pas dans la pensée juridique africaine c'est ignorer les principes fondamentaux du droit négro-africain.

Selon la pensée juridique africaine, l'appropriation collective n'exclut pas la possibilité d'exercer des droits réels sur une chose donnée. Bien des erreurs proviennent du fait que le mimétisme des droits occidentaux conduit à élaborer des concepts étrangers aux réalités africaines. L'analyse du système foncier traditionnel avait conduit à démontrer que si la propriété était collective sous forme de gérance, elle pouvait être morcelée pour une mise en valeur et concédée à des exploitants individuels. Selon cette conception, le droit individuel de culture se transmet à travers plusieurs générations de sorte qu'on peut parler d'un droit perpétuel. Le système d'héritage des terres, selon la conception traditionnelle, résiste encore à l'islamisation et à la modernité du droit. Le système d'héritage actuel tel qu'il est défini par la nouvelle loi foncière du 17 juin 1964 contient des imperfections et porte atteinte aux droits acquis des exploitants, ce qui est source de conflits permanents.

Le régime libéral de l'accès à la propriété individuelle tout en favorisant l'arrivée des investisseurs privés ne devrait pas porter atteinte au processus de décentralisation qui a tendance à donner aux collectivités locales une plus grande autonomie.

Selon la réforme de 1964, les conseillers ruraux sont investis de compétences en matière foncière. Les conseillers ruraux sont autorisés à percevoir les taxes sur les entreprises installées dans leurs zones.

Le renchérissement de la terre et la pluralité de projets agro-industriels vont développer dans les zones à vocation agricole une compétition autour du foncier. Cette compétition a généré des conflits entre différents acteurs fonciers. Par ailleurs, les prérogatives de l'État, sous le couvert de l'utilité publique et de l'intérêt général, constituent des entraves sérieuses à la protection des droits des sociétés rurales. Ces réserves et limites ci-dessus présentées ne sont pas destinées à remettre en cause les propositions contenues dans le plan foncier mais elles doivent être perçues comme une contribution pour la recherche d'un système foncier adapté aux réalités contemporaines sénégalaises.

Conclusion

Notre objectif n'a pas consisté à faire des propositions exhaustives et pertinentes mais à identifier des problèmes et à dégager des axes de recherche. Cette présentation sommaire sur le foncier révèle un certain nombre de constats: d'abord l'existence d'une diversité de systèmes fonciers à l'image de la pluralité des sociétés rurales. Cette diversité des systèmes fonciers a rendu complexe l'application de la loi dans l'ensemble du territoire national.

La réforme foncière n'est pas encore une réforme agraire. La loi sur le Domaine national n'a pas pu modifier les structures économiques des conseils ruraux, elle a su redéfinir des droits déjà hiérarchisés, complexes. Le premier mérite de la loi sur le Domaine national c'est l'unification des systèmes juridiques dans un cadre harmonisé.

La tentative de réforme ou même de violation des coutumes africaines s'est heurtée à de nombreuses difficultés durant les deux périodes coloniale et post-coloniale. En effet, la confrontation de deux modèles de pensée juridique (occidentale et négro-africaine) a abouti à une résistance quasi permanente de coutumes, surtout en matière foncière. Les différentes tentatives d'introduction du droit de propriété privée par le biais de l'immatriculation et de la théorie de la mise en valeur ont abouti à limiter les droits des usagers de la terre dont les droits sont précaires devant un État centralisateur et dominant.

Le monde rural a subi une mutation profonde au niveau social, économique et technologique. Par ailleurs, l'émergence des mouvements associatifs a créé de nouveaux acteurs réceptifs aux préoccupations du développement.

La tendance vers un entreprenariat rural pourra modifier les comportements, offrir les avantages d'un foncier moderne basé sur la mise en valeur. Ces tendances suscitent également des interrogations qu'il ne faut pas sous-estimer.

Quel sera l'impact des institutions modernes sur les politiques foncières? Au Sénégal le système de décentralisation et celui de la régionalisation pourront-ils être de meilleurs instruments au service des collectivités locales? Est-ce que l'enjeu foncier sera capable de donner aux collectivités locales sa légitimité à travers un processus de démocratisation dans l'accès à la terre, à travers l'émergence d'un pouvoir autonome en matière décisionnelle? Enfin le plus grand défi auquel la décentralisation devra faire face c'est l'instauration d'un équilibre entre les hommes et les ressources. Un autre grand défi et non des moindres qui s'adresse au monde rural est l'instauration d'un système de formation, et d'information adaptée c'est-à-dire s'appuyant sur les langues nationales. Tant que ce problème ne sera pas résolu, le monde rural restera une zone marginalisée des réformes quelle que soit leur pertinence.

Notes

1. Mamadou Niang: Réflexions sur le régime des terres au Sénégal, *IFAN, T. 39 Bulletin* 1978, Dakar.

2. Loi 64-46 du 17 juin 1964 relative au Domaine national (Bibliographie).

3. Enquêtes de terrain, région du Fleuve, 1976: les villageois de Thiago ont pendant longtemps reproché à la compagnie sucrière d'étendre leurs exploitations agro industrielles sur leurs terres de cultures.

4. Madiodio Niasse: les acteurs fonciers de l'après barrage Pesanteurs - tensions. Tendances thèse 3e cycle Sciences de l'environnement 1982.

Éléments bibliographiques

Actes du Séminaire sur la sécurité foncière rurale au Sénégal, Saint-Louis le 3 avril 1998

Durand-.Lasserve A. et Tribillon, J-F, 1986, *Pratiques Foncières et Orientations Politiques*, Conakry.

Bakary Traoré, 1989, *l'intégration économique de la paysannerie en Afrique subsaharienne* Harmattan, Paris.

Bilan 9e plan Note technique n° 16 octobre 2000.

Conférence régionale sur la Problématique foncière et la Décentralisation au Sahel actes de la conférence septembre 1994 CILS.

Etude Prospective (Sénégal 2015) Ministère du Plan et de la Coopération juillet 1989.

Elise H. Golan, 1990, *Land tenure reform in Senegal: an economics study from the peanut basin.* Land Tenure Center. University of Winsconsin-Madison. January, 1990.

Le Roy Etienne et Mamadou Niang, 1976, Le régime juridique des terres chez les wolofs ruraux du Sénégal. Paris I, Laboratoire d'Anthropologie juridique, 2e édition.

Le Roy, E., 1982, *Enjeux fonciers en Afrique noire,* sous la direction de E. Le Bris, E. Le Roy et F. Leindurger, Paris ORSTOM-Karthala.

Le Roy, E., 1990, L'analyse socio-économique des systèmes d'exploitation agricole et de gestion de terroir dans le Bas-Saloum Sénégal Centre de formation supérieure pour le développement agricole, Université Technique de Berlin, déc.

Le Roy, E., 1987, *La réforme du droit de la terre dans certains pays d'Afrique Francophone,* Rome FAO.

Le Roy, Etienne., 1970, *Système foncier et développement rural thèse de droit,* Université de Paris, 1970.

Hesseling, Gerti, 1989, *Pratiques foncières à l'ombre du droit. L'application du droit foncier urbain à Ziguinchor, Sénégal*, African Studies Centre 1992/49, Les femmes et la terre, BIT.

Belloncle, G.y, 1985, *Participation paysanne et aménagements hydro-agricoles*, Khartala,

Ly, Ibrahima, 1990, *Les manifestations du pouvoir réglementaire des autorités administratives en matière foncière au Sénégal*, RIPAS n° 23-24 janvier-décembre, pp. 237-248.

Niang, Mamadou, 1989, Appui à l'évaluation de l'impact du programme d'ajustement structurel sur le secteur agricole (PASA).Sénégal volume V. FAO-MDR - novembre.

Niang, Mamadou, 1984, Problèmes du monde rural en Afrique. IFAN, janvier 130 p. cours CFPA - ENAM.

Niang, Mamadou, 1990, Rapport de consultation: Auto Promotion paysanne et décentralisation au Sénégal. Quel cadre institutionnel? IPD - ENEA Dakar, juillet.

Niang, Mamadou, 1975, «Réflexion sur le régime des terres au Sénégal», in *Bulletin de l'IFAN Série B*, pp. 137-153.

Niang, Mamadou, 1979, «Régime des terres et stratégie de développement rural au Sénégal» (un exemple de la résistance du droit coutumier africain), in *African Perspectives* 1979/1.

Pluralisme culture et droit, 1992, in Bulletin Liaison N° 17 juin, Laboratoire d'Anthropologie Juridique de Paris.

Rapport de mission (Banque mondiale), 1990, Politique foncière agricole par Jacques Gasaldi.

Rapport 1989 (orientation et Stratégies de formation à l'horizon 2001 avril.

René Dumont et M. F. Mothin, 1992, le défi sénégalais Enda Dakar juin.

Le Point sur la Recherche agricole en Afrique (journées de réflexion de Dakar 28-30 juin 1990. Volume 2, n° 3.

René Rarijoana, Le concept de propriété en droit foncier de Madagascar (étude sociologique), Éditions CUJAS, Paris V, 1933, Bulletin officiel des colonies, 1933.

Roger Doublier, 1957, La propriété foncière en AOF, Rufisque.

Textes législatifs et réglementaires

Arrêté du 5 novembre 1830 du gouverneur général promulguant le code civil au Sénégal, Bulletin d'Administration du Sénégal, 1830.

Décret du 20 juillet 1900 relatif au régime de la propriété foncière au Sénégal et ses dépendances, Bulletin officiel des colonies, 1900.

Décret du 8 octobre 1925 instituant un mode de constatation des droits fonciers des indigènes en Afrique Occidentale Française, J.O. AOF, 1935.

Circulaire du 18 novembre 1925 au sujet du décret instituant un mode de constatation des droits fonciers des indigènes, en Afrique Occidentale Française, J.O.- AOF, 1925.

Décret du 26 novembre 1930 sur l'expropriation pour cause d'utilité publique et l'occupation contemporaine en Afrique Occidentale Française, Bulletin Officiel des Colonies 1930.

Décret du 26 juillet 1932 portant réorganisation du régime de la propriété foncière en Afrique Occidentale Française, J.O. AOF, 1933.

Arrêté n° 901 SE du 15 avril 1933 portant règlement pour l'application du décret du 26 juillet 1932 sur le régime de la propriété foncière en Afrique occidentale française, J.O.- AOF du 19 avril 1933.

Décret du 20 décembre 1933 portant constatation des droits fonciers des indigènes en Afrique Occidentale Française.

Décret n° 64-573 du 30 juillet 1964 fixant les conditions d'application de la loi n° 64-46 du 17 juin 1964 relative au sommaire national, J.O. n° 3699 du 29 août 1964.

Décret n° 64-574 du 30 juillet 1964 portant application de l'article 3 de la loi n° 64-46 du 17 juin 1964 relative au domaine national autorisant à titre transitoire l'immatriculation au nom des occupants ayant réalisé une mise en valeur à caractère permanent, J.O. n° 3700 du 19 août 1964.

Loi n° 61-08 du 14 janvier 1961 instituant une procédure d'exploitation spéciale pour certaines terres acquises à la suite d'octroi de concessions domaines rurales, J.O. n° 3431 du 31 janvier 1961.

Loi n° 64-46 du 17 juin 1964 relative au domaine national, J.O. n° 3690 du 11 juillet 1964.

Loi n° 72-25 du 19 avril 1972 relative aux communautés rurales.

Loi n° 76-66 du 2 juillet 1976 portant code du domaine de l'Etat, J.O. n° 4518 du 20 septembre 1976.

Loi n° 76-67 du 2 juillet 1976 relative à l'expropriation pour cause d'utilité publique et aux autres opérations foncières d'utilité publique, J.O. n° 4506 du 28 juillet 1976.

Loi n° 9037 du 8 octobre 1990 relative à la gestion des communautés rurales.

Loi n° 9606 portant code des collectivités locales.

Recueil des textes de la Décentralisation Primature août 1997.

La constitution sénégalaise commentée CREDILA et Friedrich Ebert.

2

Les Organisations paysannes au Sénégal de 1960 aux années 90

El Hadj Seydou Nourou Touré

Introduction

Les organisations permettent de tirer profit des actions collectives menées par des corporations en vue de défendre leurs intérêts professionnels. Elles supposent une volonté collective de regroupement et une solidarité dans les prises de décision qui transcendent les logiques particulières ou individuelles. Les organisations paysannes n'échappent pas à cette règle. Leurs actions traduisent une volonté de mieux gérer les problèmes posés par l'accès et la gestion du crédit, la production et la commercialisation dans le secteur agricole. On reste, au Sénégal, dans un schéma qui conforte l'emprise de l'État sur les organisations paysannes jusqu'en 1980. À partir de cette date, l'expression paysanne se libère. Cette nouvelle étape marque une volonté des organisations paysannes de concilier logique de métier et logique de produit. Elle dénote une prise de conscience des paysans de la nécessité de tirer un meilleur parti de la production et du marché.

L'évolution des organisations paysannes reflète la diversité de la structuration du mouvement paysan. Ces organisations sont créées, au départ, par les pouvoirs en place qui les encadrent et définissent leurs orientations. Elles sont devenues, après 1980, des lieux d'expression des initiatives paysannes et le point d'ancrage de leurs revendications. Le contexte de la libéralisation consacre le retrait de l'État de l'encadrement et de la production agricole et oblige les paysans à fédérer leurs actions.

L'étude de la structuration du mouvement paysan s'inscrit, ici, dans une longue perspective. C'est un processus de construction ininterrompue qui a démarré, avant 1960, avec la mise en place de sociétés de prévoyance (SP) et se poursuit, encore, avec les grandes fédérations paysannes (CNCR, Association des producteurs de la vallée, etc.) dont l'avènement coïncide avec la phase de consolidation des programmes d'ajustement structurel, dans les années 1990. Entre ces deux moments, se mettent en place les coopératives qui prennent le relais des sociétés de prévoyance avant de les absorber, à partir de 1951. Elles cohabitent avec les associations villageoises de développement (AVD) qui émanent de la volonté des populations rurales de s'organiser et de se prendre en charge à l'intérieur de leurs villages. Les organisations de producteurs nées, sans doute, avant la réforme de 1976 portant redynamisation des structures d'intervention, se développent avec la création des sociétés régionales de développement rural créées la même année.

Si elles s'inscrivent dans les mêmes dynamiques de construction et de réponse aux attentes du mouvement paysan, c'est dans ce creuset que ces organisations puisent leur identité qui n'est pas toujours basée sur la même appartenance professionnelle. Bien plus que cela, cette identité porte la marque de la diversité des attentes du monde rural, que ce travail tente de restituer en trois parties:

- la première est une approche conceptuelle des organisations paysannes qui transcende leur diversité et spécifie ce qui les distingue des ONG;
- la deuxième partie tente de restituer l'évolution des organisations paysannes et, avec elle, la progression du nombre des organisations pour lesquelles les statistiques sont disponibles;
- la troisième partie montre le rôle des organisations paysannes dans la production; elle dégage les contraintes qu'elles rencontrent dans ce cadre ainsi que les perspectives.

Problème et définitions

Analyser la participation des organisations paysannes au développement c'est, en quelque sorte, mesurer leur implication dans la création de richesse et dans la définition des stratégies de développement. Dés lors que le développement met en perspective les processus socio-économiques nécessaires pour augmenter la richesse nationale et accroître le niveau de vie des habitants (Touré, Lake, 1992:51), réaliser un développement véritable et durable des richesses économiques et sociales implique une réelle appropriation du progrès technique nécessaire à la reproduction et à l'amélioration des systèmes de production. Un tel objectif ne peut être atteint si les populations concernées ne sont pas de véritables acteurs responsables de leur choix de production, et si, par conséquent, elles sont écartées des processus de prise de décision[1] relatifs au choix d'orientations stratégiques propres à leurs activités de développement. D'où l'intérêt d'étudier les organisations paysannes à travers leurs fonctions et leurs activités respectives mais aussi, à travers les permanences et ruptures qui caractérisent leur évolution entre 1960 et 1990.

Il nous apparaît que le concept d'organisation paysanne peut être utilisé dans un sens strict pour désigner les organisations créées pour servir les intérêts des paysans. Elles sont en principe contrôlées et gérées par les paysans, excepté dans les cas où elles sont utilisées comme structure de médiation entre l'administration et les paysans, comme l'atteste la structuration de certaines organisations créées pendant la période coloniale (SIP, SAP, SMDR) ou après 1960 avec l'avènement des coopératives et des organisations de producteurs relativement plus autonomes.

Ces organisations se présentent comme des lieux de médiation lorsqu'elles sont appelées à relayer l'action des pouvoirs publics auprès des paysans. C'est souvent le cas lorsque l'État joue un rôle important dans leur mise en place et dans leur fonctionnement. Elles sont placées sous l'égide des sociétés publiques de développement et échappent au contrôle des paysans. Elles peuvent aussi se présenter comme des lieux d'initiatives donc de pouvoir, lorsqu'elles contribuent à asseoir et à accroître la capacité des paysans à formuler des propositions et à initier des projets autonomes. Ces organisations sont, dans tous les cas, tributaires de leur environnement politique et institutionnel, voire social. Elles peuvent jouir d'une autonomie plus ou moins grande selon que leurs membres disposent ou non d'un réel pouvoir de négociation.

Le pouvoir structurant de la deuxième catégorie d'organisations paysannes, celles où se développent des initiatives, invite à réfléchir sur la diversité et l'homogénéité de leurs fonctions, mais aussi sur leurs capacités et leurs limites. On peut s'interroger sur leurs apports respectifs, en tant que structures professionnelles, dans la production agricole et le développement de certaines filières, dans la prise en charge des intérêts du monde paysan et sur leurs rapports avec leurs environnements institutionnel, politique et social.

Il est donc nécessaire de délimiter le champ d'intervention des organisations paysannes, d'indiquer à la fois leur rapport avec le mouvement associatif et les ONG.

Les organisations paysannes se caractérisent par leur vocation à servir les intérêts d'individus dont l'activité est, souvent, centrée sur l'agriculture. Le regroupement au sein de ces organisations est déterminé par des raisons professionnelles, économiques et/ou sociales.

Les premières organisations paysannes remontent à la période coloniale avec la création des Sociétés indigènes de Prévoyance (SIP) en 1910. Celles-ci sont remplacées par les Sociétés africaines de Prévoyance (SAP) à partir de 1945 avant d'être supplantées par les Sociétés mutuelles de Développement rural (SMDR) au cours des années 1950. Créées par l'administration coloniale, *ces sociétés sont des structures de médiation entre l'administration coloniale et les paysans qui en constituaient la base*; elles ont surtout une vocation commerciale.

La structuration du monde paysan s'est ensuite renforcée avec la création des coopératives, à partir de 1961. Celles-ci ont cohabité avec les organisations de producteurs encadrées d'abord par la SODEVA[2] à la fin des années 60 et, ensuite, par les autres sociétés régionales de Développement rural (SAED, SODEFITEX, SOMIVAC), créées par l'État sénégalais, à partir de 1976[3]. À côté de cette structuration d'inspiration étatique, l'idée du développement à la base fait son chemin. Elle marque la volonté des jeunes villageois de se regrouper pour mettre en œuvre des projets à caractère social ou productif. Ainsi se mettent en place, du nord au sud du Sénégal, à des moments différents des décennies 60 et 70, dans des associations villageoises de développement[4] qui échappent au contrôle des sociétés régionales de développement.

Cette structuration a atteint des niveaux plus complexes avec la naissance, à des moments différents, entre les années 60 et 90, d'union (UNCAS), de fédération (FONGS) ou d'autres regroupements plus vastes (CNCR); ces derniers englobent parfois des GIE[5] paysans nés à partir de 1984 avec les reformes des politiques agricoles tendant à libéraliser davantage les interventions en milieu rural.

Le mouvement associatif, qui se développe dans les villages, connaît un essor important à la fin des années 70. Ce mouvement se structure à travers les associations villageoises qui accueillent tous les individus originaires d'un même village, qu'ils y résident ou non. Les mêmes individus peuvent, indistinctement, fréquenter une ou plusieurs structures différentes. Ensuite, si les associations villageoises, ouvertes à des activités à caractère social ou productif, sont avant tout des lieux d'expression des solidarités villageoises, les organisations de producteurs s'occupent surtout de production, de crédit, etc. Les premières tolèrent la présence des femmes qui ne commencent vraiment à émerger comme productrices qu'avec la création des GIE. On observe enfin que ce sont souvent les mêmes individus qui dirigent les sections villageoises. Cette mobilité organisationnelle renforce la confusion entre le mouvement associatif et les organisations paysannes.

Le GRET (1983:9) a tenté de clarifier un certain nombre de questions relatives à la nature et au rôle du mouvement associatif dans son document réalisé pour le compte de la FAO. Ce document devait répondre au souhait formulé par la division des analyses économiques et sociales de la FAO de parvenir à une redéfinition des espaces de coopération gouvernementaux et non gouvernementaux. Il s'intéresse au fait de savoir si le mouvement associatif exprime le désir de se rassembler pour résoudre des problèmes locaux et créer la richesse interne ou celui de capter une rente externe attirée par une centaine de micro-projets, fruit de la coopération internationale pour le développement. La démarche adoptée ici est normative. Elle consiste à dire ce qu'est non pas le mouvement associatif mais ce qu'il devrait être pour davantage contribuer à lever l'ambiguïté qui s'attache à ce concept. Aussi quelques normes sont-elles retenues pour caractériser ce mouvement. L'objectif devrait consister à ce niveau à capter cette rente extérieure, à répondre à la crise des sociétés et à favoriser l'émergence (surtout dans les pays du Tiers Monde) d'exploitations paysannes autonomes, viables et vivables. Cette rente doit contribuer à:

- la définition d'une voie paysanne visant à promouvoir la restauration et l'intensification de l'exploitation agricole;
- la réhabilitation des savoirs et des pratiques traditionnels de façon à restaurer l'identité collective paysanne;
- au renforcement de l'organisation du milieu rural pour qu'il puisse négocier sa place dans la société et l'économie nationale et,
- la mobilisation des alliances nécessaires au soutien des institutions paysannes dans le cadre des échanges Nord-Sud et Sud-Sud.

L'intervention initiale des auteurs n'est pas, de définir le concept de mouvement associatif lui-même, mais de voir dans quelle mesure ce dernier peut contribuer au développement d'un espace et d'une expression paysanne (Touré 1989:5-6). La notion de mouvement implique une dynamique et un processus grâce auxquels la vie associative prend rythme et se développe.

Le mouvement associatif [6] peut susciter certaines organisations non gouvernementales (ONG) et organisations paysannes qui ont, cependant, leur propre identité. Elles se croisent sur les mêmes terrains et, souvent, autour des mêmes activités. Elles sont cependant autonomes les unes vis-à-vis des autres. De par leur nature et leur composition, les organisations paysannes peuvent, aussi revendiquer leur appartenance aux ONG. Mais la nature des interventions et les orientations de ces deux organisations sont différentes. Si les ONG se vouent souvent à des activités d'éducation, elles ne sont pas moins concernées par le développement à la base et par les aspects liés à la gestion, d'où leur classification en organisations primaires, secondaires et tertiaires[7].

Ces trois niveaux d'organisation (Touré 1986:12-14) peuvent être appréciés selon leurs objectifs et leurs modes d'intervention. Le premier concerne celles qui s'intéressent au développement à la base, dénommées «grassroots» dans les pays anglophones; elles rappellent à maints égards les associations villageoises de développement dans les pays de tradition française. Ce sont des groupements de producteurs pouvant comprendre des fermiers, etc., qui inscrivent leurs actions dans une perspective autocentrée. Ces organisations tentent de développer des initiatives et des ressources internes pour résoudre des problèmes à caractère social (santé) et/ou productif (autosuffisance alimentaire). Dans ce cas-là, il y a souvent une volonté exprimée d'adapter des ressources externes aux besoins du groupe. Ces associations tendent à l'indépendance même si elles reçoivent des aides. Ceci suppose bien sûr qu'elles développent des activités génératrices de revenus. Une des conditions de la faisabilité d'un tel objectif reste que les charges de fonctionnement ne soient pas très élevées. Ces organisations sont très orientées vers l'action et les ressources sont allouées selon des exigences relatives au développement de projets spécifiques.

Le deuxième niveau concerne des organisations qui apportent un appui technique à celles qui cherchent à atteindre l'autosuffisance locale. Ces organisations sont relativement spécialisées; elles sont servies par un personnel qui recèle une certaine expertise. Leur vocation est de soutenir des organisations du premier niveau, car ce sont des ONGs professionnelles qui sont à un niveau intermédiaire entre les bailleurs et les associations de base. Elles ont un ou plusieurs domaines d'intérêt ou d'expérience et sont spécialisées dans la recherche, la formation, la communication et l'éducation, etc.

Les organisations du troisième niveau serait des ONG s'occupant de l'administration et de la gestion des ressources destinées aux deux premiers types d'organisation.

Brown et Korten (1983:3) ont mis en évidence les aptitudes des ONGs de soutien et d'appui au développement en comparaison avec celles des agences gouvernementales. Selon eux, les acquis positifs se résument aux points suivants:

- atteindre les pauvres et les populations non desservies par les autres agents;
- faciliter la mobilisation des ressources locales et au sein des organisations populaires;
- offrir des prestations de service à des coûts réduits;
- trouver des solutions innovatrices;
- flexibilité et liberté vis-à-vis de l'administration, ce qui signifie vis-à-vis des contraintes politiques.

Ils leur prêtent aussi les faiblesses suivantes:

- manque de capacité technique pour les projets complexes;
- personnel limité; elles n'attirent pas un personnel qualifié en raison de la faiblesse de leur budget;
- incapacité à conduire des projets qui peuvent avoir un impact régional ou national;
- ressources réduites à la fin des projets;
- dépendance du court terme et, par conséquent, manque de perspectives stratégiques;
- capacité limitée en gestion et en organisation.

Certes, l'avantage de la flexibilité procède de la taille de ces organisations. D'où le dilemme qui se pose souvent aux ONGs et qui se traduit par la difficulté à éliminer ces faiblesses sans éliminer en même temps leurs tailles. Il en résulte que l'une de leurs grandes faiblesses réside dans les lacunes qu'elles éprouvent lorsqu'elles veulent réaliser des actions à une échelle conséquente. Elles jouent, cependant, un rôle important dans la sensibilisation et la mobilisation des organisations de base, notamment les associations villageoises de développement (AVD).

En somme, les organisations paysannes conduisent des actions très localisées, plus limitées dans le temps et dans l'espace. Cependant, les associations villageoises de développement couvrent un champ d'activités plus vaste que les organisations de producteurs qui s'intéressent stricto sensu à la production dans le cadre d'une filière de production agricole.

Ce travail cherche à restituer l'histoire de ces organisations et non celle des organisations faîtières (unions, fédérations, etc.), plus fortes sur le plan organisationnel. On examinera les grands moments de leur évolution, depuis la fin de la période coloniale. La contribution au développement agricole, l'inventaire typologique de ces organisations et l'analyse de leurs mutations au regard des différents contextes politique et économique s'appuient sur l'exploitation de documents qui proviennent essentiellement des sociétés de développement rural (SAED, SODEVA). Les informations[8] recueillies auprès de certaines organisations paysannes et celles fournies par différents travaux consacrés à ce thème seront largement utilisées dans le cadre de ce travail.

Évolution des organisations paysannes au Sénégal depuis la fin des années 50

L'histoire des organisations paysannes au Sénégal est étroitement liée aux interventions de l'État visant à promouvoir la culture de l'arachide dans le bassin arachidier ou au développement d'autres filières de production dans les différentes zones agro-écologiques, depuis la création des Sociétés indigènes de Prévoyance (SIP) en 1910, jusqu'aux années1980/1990 qui consacrent à la fois l'avènement des GIE et la multiplication des regroupements d'organisations paysannes avec la naissance du CNCR et du regroupement des organisations paysannes de la Vallée[9].

Si les organisations paysannes désignent les structures créées pour servir les intérêts des paysans, des SIP en font bien partie, même si de par leur mode de gestion et d'intervention, certaines organisations sont souvent détournées de leurs objectifs initiaux.

L'étude de l'évolution des organisations paysannes se limite ici à celle des organisations ayant des objectifs opérationnels précis basés sur la promotion non des valeurs telles que la solidarité villageoise, comme le préconise le service de l'animation rurale, créé en 1959, mais sur celles du producteur et des filières agricoles dans lesquelles il s'investit.

Les stratégies seront abordées dans cette perspective pour éclairer soit les interventions de l'État, soit les efforts d'adaptation des paysans dans les contextes définis. Les efforts d'organisation réalisés à partir seulement du milieu des années 80 tendent de plus en plus à faire du paysan non plus seulement un relais, mais un acteur, voire un partenaire du développement agricole.

Cette étude s'attache à expliquer la diversité, l'influence et l'importance des organisations paysannes au regard du contexte de leur émergence et des mutations qu'elles ont subies depuis la fin de la période coloniale. Leur naissance remonte à la période coloniale.

Les sociétés indigènes de prévoyance sont appelées à jouer un rôle actif d'assurance mutualiste dans l'économie locale des pays africains exposés à des crises chroniques de disettes. Dia montre bien que si les circulaires[10] administratives de 1902 et 1909 prescrivent la création des greniers et des réserves placés sous le contrôle du Commandant de Cercle, c'est le décret du 29 juin 1910[11] qui consacre officiellement la création des greniers de réserves et celle de sociétés de prévoyance de recours et de prêts mutuels agricoles en AOF. Émanation de l'administration coloniale, ces sociétés sont des organismes para-administratifs. Il indique aussi que le paysan est lié, à ces sociétés aussi bien par l'obligation d'adhésion que par le paiement d'une cotisation équivalent au versement de centimes additionnels à l'impôt de capitation. De plus, le commandant de cercle était le président de droit du Conseil d'administration. Eloignés de la gestion de ces sociétés, les paysans perdent ainsi toute possibilité d'acquérir l'expérience nécessaire à la prise en charge de ces structures. De fait, l'éducation des populations et leur association aux décisions étaient loin des préoccupations des autorités coloniales (Dia 1958:22-23). Selon Blundo (1998:273) ce sont les élites religieuses et politiques locales qui bénéficient surtout des services de ces institutions, qui deviennent très vite des instruments pour accroître la culture arachidière.

Ces sociétés continueront d'exister après 1960 à côté des coopératives qui finiront par les absorber. Néanmoins, la participation paysanne au développement agricole varie très peu. Car cette participation s'exprime dans le nouveau contexte de souveraineté nationale dans les mêmes conditions qui prévalaient sous l'administration coloniale. Dans les deux cas, le développement de l'agriculture d'exportation, basée sur l'arachide, s'est réalisé dans un contexte où le paysan est marginalisé par la volonté des autorités politiques d'introduire de nouvelles techniques d'intensification visant à promouvoir une agriculture de type moderne. L'organisation de la production basée sur la modernisation de l'exploitation s'appuie sur de nouvelles rationalités dans les domaines de la production et de la commercialisation, qui rendent difficiles la participation des paysans au choix des techniques de production et des mesures économiques nécessaires au développement de la production agricole.

Les coopératives se sont développées, au début, dans un contexte où l'encadrement technique fait défaut et où la faiblesse de l'épargne ne leur permet pas de fonctionner de façon autonome. La volonté de favoriser la production arachidière se manifeste dés la fin de la 2e guerre mondiale avec la création du bloc expérimental de l'arachide à Boulel en 1947, et grâce aux mesures consacrées au développement de ce produit dans le cadre de la deuxième tranche (1952-57) du plan décennal 1947-1957 de la colonie du Sénégal. L'État sénégalais s'inscrit dans la même perspective. Il marque son intérêt pour ce produit en mobilisant l'essentiel du financement et du crédit pour la production arachidière, ainsi que par le rachat des huileries et la volonté de les rentabiliser (Touré 1985:13).

Le développement de la production arachidière a bénéficié de la conjonction de plusieurs facteurs dont l'intervention de l'État par l'intermédiaire de la société de développement et de vulgarisation agricole[12] et son alliance avec les forces sociales qui ont joué un certain rôle dans l'expansion de la culture arachidière. À cet égard les marabouts mourides ont gardé l'initiative dans les daara constitués de groupes de fidèles qui dépendent de leur autorité (Lake, Touré:1985). Or les gros producteurs souvent liés à ces forces ont usé de leur influence pour garder l'initiative au sein des coopératives.

Ces coopératives restent donc le premier stade de structuration du monde paysan après l'indépendance. Elles ont permis de rassembler des forces pour réaliser des actions communes. Leurs actions menées sous la tutelle de l'ONCAD[13] ne furent pas très bénéfiques pour les paysans. Cet organisme intervenait aussi bien dans la mise en place du crédit agricole et la fourniture des intrants que dans la commercialisation de l'arachide et la récupération des dettes contractées par les coopératives. Les paysans cherchèrent à s'échapper de cette tutelle en développant des marchés parallèles où ils pourraient écouler leurs produits en toute liberté.

Le deuxième stade de structuration du monde paysan apparaît avec la création de la Société d'Aménagement et d'Exploitation des Terres du Delta (SAED 1965), de la Société de Vulgarisation agricole (SODEVA 1968), de la Société de Développement des Fibres Textiles (SODEFITEX 1974) et de la Société de Mise en Valeur de la Casamance (SOMIVAC 1976), qui deviennent Sociétés régionales de Développement rural avec la réforme de 1976[14]. Ces sociétés ont vocation à susciter et à encadrer des groupements de production bien définis (arachides, coton, riz). Les mesures prescrites par les lettres de mission respectives vont dans le sens du développement des organisations de base de producteurs.

Le troisième stade de structuration est caractérisé par l'émergence d'organisations paysannes plus autonomes. Les années 1980 marquent un tournant dans cette perspective. La réduction drastique des ressources de l'État conduit ce dernier à l'adoption de politiques d'ajustement qui limitent son intervention. Les ONGs s'installent dans les espaces laissés vacants par le désengagement de l'État. Elles apportent un appui multiforme aux associations villageoises dont la revitalisation est aussi renforcée par les nombreuses initiatives prises par les associations de ressortissants des villages. Un nouvel environnement se met progressivement en place sur le plan juridique, institutionnel et financier. Les organisations paysannes s'engagent sur la voie de l'autonomie. Consacré par la réforme de la politique agricole en 1984, le désengagement de l'État favorise la création de groupements d'intérêt économique (GIE). Ceux-ci continuent à proliférer dans tous les villages, surtout au nord, et au sud-est, zone d'intervention de la SAED et de la SODEFITEX, où les opportunités offertes aux producteurs sont encore plus grandes en raison des barrages et de l'importance des flux d'investissements publics et privés injectés dans cette zone par rapport au reste du Sénégal.

La réforme, en 1983, de la loi coopérative[15] consacre le départ de cette structure des organisations d'éleveurs et de pêcheurs. Cependant, la volonté de regroupement traduit la nécessité, pour celles-ci, de renforcer leur pouvoir de négociation et de prendre en charge les revendications exprimées dans le milieu paysan. C'est cela qui explique l'importance prise par le CNCR et la fédération des producteurs de la vallée qui regroupent beaucoup d'organisations de producteurs, respectivement sur l'ensemble du territoire national et dans la vallée du fleuve Sénégal. Ces deux organisations ouvrent de nouvelles perspectives aux revendications paysannes, en raison de leur dimension, de leur proximité vis-à-vis de leur base et du nouvel environnement lié au désengagement de l'État et à la politique de décentralisation. Il importe de décrire ces différentes organisations et d'en faire la typologie pour montrer, au-delà de leurs caractéristiques essentielles, leur capacité à prendre des initiatives et, pour tout dire, leur autonomie.

Les Dynamiques Organisationnelles

L'émergence des coopératives et des groupements de producteurs résulte bien souvent d'une volonté de l'administration publique d'encadrer la production et la commercialisation des produits dans les différentes filières agricoles. Il est à signaler que la mise en place des coopératives visait aussi à libérer le paysan à la fois de l'exploitation des grandes maisons commerciales et des petits traitants. Les structures d'encadrement devaient fournir les moyens susceptibles de renforcer l'efficacité des opérations dans les domaines de la production et de la commercialisation.

Dans cette perspective, la SODEVA a porté ses actions sur l'intensification de la production vivrière pour résorber le déficit vivrier enregistré entre 1968 et 1971. Elle se tourna vers une vulgarisation de type élitiste en misant davantage sur les paysans ayant une certaine assise financière afin de rentabiliser les thèmes lourds portant sur la formation à la traction bovine et au labour. Ces gros producteurs, souvent issues de familles maraboutiques, devinrent les représentants des paysans face à l'État. Ils tirèrent doublement partie des avantages que leur appartenance à l'aristocratie maraboutique et de l'allégeance à leur égard de la multitude de petits producteurs qui étaient aussi leurs talibés. La sécheresse prolongée des années 1968-1973 conforta ce rôle. Ces élites devinrent les porte-parole des paysans lorsque ces derniers refusèrent de payer leurs dettes, en raison des résultats médiocres de la production arachidière à la fin des années 70 (Mbodj 1984:122).

Les paysans ne parvinrent pas à se libérer de la tutelle des sociétés d'encadrement sur leurs organisations. C'est pourquoi, le ministère du Développement rural (Sène 1980)[16] définissant les buts assignés aux sociétés régionales de développement rural, indique qu'elles devaient organiser les producteurs sans se substituer à eux, les responsabiliser pour qu'ils soient capables de renouveler leurs moyens de production et leur production. Si les moyens engagés dans cette réforme ne permettaient pas toujours de conduire à leur terme les programmes de développement rural, l'effet d'amplification attendu des organisations paysannes était encore limité par la faible responsabilisation de ces dernières et la faiblesse des programmes de formation (Touré 1985:293-295).

Les associations villageoises de développement (AVD)[17] s'inscrivent dans une perspective différente. Elles sont nées de la volonté des ressortissants villageois de se prendre en charge. Elles sont, au départ, une émanation des mouvements de jeunes collégiens dont le retour au village favorisa une certaine animation culturelle et sociale. Les jeunes villageois très dynamiques prennent en charge les activités de formation; ils animent les cours de vacances dans leurs villages respectifs. Ces sessions de formation s'étendront très vite aux cours d'alphabétisation, qui s'adressent aussi bien aux jeunes qu'aux adultes, avec la participation de tous les membres scolarisés de l'association. Si ces associations se structurent, au départ, sur la base des classes d'âge jeunes, la demande puis l'implication des adultes dans les activités de formation remettent en question le leadership au sein de ces regroupements. Ces associations sont devenues un instrument de contrôle social, voire politique; elles n'échappent pas au jeu des anciennes structures sociales traditionnelles. Le contrôle de la direction de l'association fait parfois l'objectif d'âpres disputes entre les élites locales qui cherchent à confronter leur position politique, le plus souvent au sein du parti au pouvoir, mais de plus en plus dans les partis de l'opposition.

Les conflits internes naissent de la gestion du crédit dans les sections villageoises, des discriminations observées dans ce cadre et, parfois, de la pénalisation des bons paysans par les mauvais payeurs. De plus, le fait que les coopératives mères coïncident, avec des sections villageoises et leur identification à ces dernières par les paysans suscitent des tensions. En effet, le caractère stratégique des semences, qui reste une préoccupation majeure des paysans, donne un surcroît de pouvoir aux présidents de section qui gèrent leur distribution. Si ces derniers inspirent parfois la peur aux membres de leur section c'est, bien souvent, en raison de l'autorité temporelle qu'ils incarnent (Gaye 1988:21-22 et 25). Beaucoup de chefs de section sont aussi chefs de villages; cette double position est assez dissuasive mais elle peut, en même temps, conduire à une confusion des rôles, voire à des abus.

Les enjeux de pouvoir augmentent avec la dimension des associations villageoises de développement. Il arrive que la direction soit exercée collégialement. C'est le cas de l'AJAC qui est dirigée par une structure collégiale jusqu'à scission, par suite d'une dissension entre les trois fondateurs de l'association. Le responsable exclu de l'association en a créé une autre qui rassemble plusieurs groupements (club du Sahel 1987). Il y a, par conséquent, un effet de taille qui explique le fait que les associations gagnent en efficacité et sont plus homogènes lorsque l'effectif des membres est réduit. Ce qui ne signifie pas que les tensions disparaissent lorsque ces structures ont des effectifs plus réduits.

En somme, l'évolution des organisations paysannes, selon Blundo (1998:25) s'inscrit dans une dynamique d'opposition entre les valeurs d'entraide qui ne cessent d'être réaffirmées par les leaders et le fonctionnement réel des groupes perturbé par les conflits d'origines diverses entre différents acteurs sociaux ayant tous des intérêts et des stratégies propres.

Les conflits fonciers sont souvent cités[18] dans cette perspective à la fois comme un lieu d'interaction entre plusieurs acteurs (élus locaux, agriculteurs, éleveurs) et comme un lieu d'élaboration de droits fonciers locaux[19]. Il faut peut être ajouter que si des interventions extérieures peuvent faciliter l'accès à la terre des femmes traditionnellement exclues des attributions, c'est au niveau du Conseil rural que les anciens propriétaires tentent de récupérer une partie de leur pouvoir perdu surtout dans la Vallée du Fleuve Sénégal. En règle générale, les leaders bénéficient d'un statut social élevé; ils sont soit issus du lignage du fondateur du village ou apparenté à ce dernier, ce qui leur donne un surcroît d'autorité sur ces administrés dans le Kaffrine (Blundo 1998:302).

Les finalités des associations villageoises changent aussi, assez rapidement. La vocation culturelle et sportive est proclamée, dés le début, dans certaines associations: c'est le cas de Ronkh en 1963, du foyer des jeunes de Ross Bethio, en 1965, ainsi que d'autres associations créées dans les années 60 dans les villages du bassin arachidier, de la Casamance, etc., la plupart de ces associations se sont orientées plus ouvertement vers des activités de développement comprenant à la fois la formation et la mise en œuvre de projets de développement agricoles. D'autres associations, créées pendant la grande sécheresse des années 1973 à 1980, expriment le besoin de certains ressortissants de villages ou de groupes de villages de se mobiliser pour faire face aux problèmes posés par le manque d'eau, et, plus généralement, le développement de l'agriculture (ENEA 1990)[20].

La mixité au sein de ces associations suscite des conflits entre les jeunes et les vieux, d'une part, et entre les hommes et les femmes, d'autre part; elle sape, ainsi, la cohésion et l'efficacité de ces organisations.

Les dysfonctionnements liés à la dispersion du leadership dans les associations villageoises de développement ne permettent pas à ces structures de jouer pleinement leur rôle. Ils soulèvent des problèmes de démocratie interne et limitent la représentativité de ces organisations. La libéralisation de l'économie sénégalaise crée de nouvelles opportunités pour ces organisations paysannes en favorisant la multiplication des GIE; elle ouvre de nouveaux espaces de concertation qui exigent de la part des organisations paysannes davantage de vigilance face aux différentes propositions qui leur sont faites, c'est-à-dire un pouvoir de négociation accrue dépendant de leur capacité à faire des propositions intéressantes pour préserver leurs intérêts.

Progression du nombre des associations

Les nombreuses références utilisées dans le cadre de ce travail renseignent très peu sur l'évolution du nombre et des effectifs des coopératives et des associations villageoises de développement.

Tableau 2.1: Progression d'une année sur l'autre du nombre de coopératives

Années	Nombre de coopératives au Sénégal	Croissance en % du nombre de coopératives	Nombre de coopératives dans le bassin arachidier	% des coopératives du bassin ara-chidier par rapport au total	Croissance en % du nombre de coopératives dans le bassin arachidier
1961	679	-	516	76	-
1962	1098	162	742	68	144
1963	1405	128	946	67	127
1964	1466	104	978	67	103
1965	1563	107	1005	64	103
1974	2153	138	-	-	-

Source: SATEC (1966) et Touré (1984).

Si l'on observe l'ensemble des années représentées ici, c'est seulement entre 1961 et 1962 que l'on a une progression spectaculaire; le nombre de coopératives passe du simple au double. Autrement, la progression est assez régulière jusqu'en 1965, et entre 1965 et 1974. L'essentiel des coopératives se trouve dans le bassin arachidier.

E.O. Touré (op cit.) donne un certain nombre de raisons qui expliqueraient la progression du nombre de coopératives. Ce sont:

- entre 1960 et 1961: la rapidité de la progression traduit la volonté politique de l'État sénégalais de sortir les paysans de la très forte emprise qu'exerçaient sur eux les traitants spéculateurs (Grandes maisons commerciales, libanais), au moment où le pays accède à l'indépendance;

- de 1962 à 1974: la progression exprime la volonté de plus en plus forte de l'État de contrôler la production agricole, dans un premier temps, et les filières (cultures de rente) dans leur ensemble, dans un second temps.

Par ailleurs, il est difficile d'évaluer le nombre des associations villageoises de développement qui n'ont jamais fait l'objet d'un recensement systématique. Cependant, même si elles ont été créées de façon spontanée, on peut faire l'hypothèse qu'il existe une association de ce type dans la majorité des 13 000 villages du Sénégal.

En revanche les statistiques sur les GIE sont plus accessibles en raison, sans doute de leur création récente. On dispose de statistiques sur les groupements de femmes dans la zone de Podor, et sur les GIE dans les zones contrôlées par la SAED et la SODEFITEX.

Les seules statistiques disponibles sur les organisations paysannes pour l'ensemble de la vallée sont tirées de la version résumée de l'annuaire des statistiques de la vallée du fleuve Sénégal pour la campagne 1995-1996 (SAED 1997). L'absence de séries chronologiques ne permet pas de mesurer la progression du nombre des organisations paysannes. On remarque, toutefois, une forte présence d'organisations paysannes dont les effectifs sont estimés, au cours de cette campagne agricole, à 2 432 pour l'ensemble de la vallée. Les GIE, les sections villageoises et les groupements représentent respectivement 67%, 11% et 10% de l'ensemble; les pourcentages de coopératives (0,8%) et des groupements féminins (1,6%) ne sont pas très significatifs.

Le programme 6ᵉ FED a créé des groupements féminins dans la zone de Podor. Il a démarré avec quatre villages test (Duwe, Vaole, Fonde As et Mboyo) regroupant des femmes ayant, au départ, des activités (tontine) assez éloignées des exploitations agricoles. Les quatre groupements, constitués cette année-là, ont été érigés en GIE. En 1993, le nombre de GIE est passé à onze pour un total de onze villages. En 1996, 21 GIE sont mis en place. Cette progression s'explique surtout par la mise en œuvre du programme d'appui à la promotion de la femme rurale. Le programme s'est étendu à *Njum* et à *Hayre Laaw*, couvrant ainsi tout le département de Podor, ce qui fait passer ce nombre de groupements de 21 à 40 entre 1996 et 1998. Ces groupements développent des activités dans la teinture, la couture et l'aviculture; ils s'intéressent à la gestion des magasins de stockage, d'oignons et à la formation en gestion réalisée grâce aux cours d'alphabétisation. Ce sont de gros clients de la CNCA. Leur solvabilité a été éprouvée par la dévaluation du franc CFA survenu en 1994. Si l'on excepte les années 1990/91 et 1994/95, les taux de remboursement du crédit dressés par la CNCA dépassent les 70% pour ces groupements[21].

Ces données renseignent sur les effectifs globaux des organisations paysannes encadrées par ces associations. Si la progression des groupements féminins du 6ᵉ FED, dans la zone de Podor, suit une tendance assez nette, il est difficile d'en établir le rythme annuel. Les statistiques sont relevées sur des intervalles de deux ou trois ans.

Par contre les données disponibles sur le nombre de groupements à la SODEFITEX[22] permettent de rendre compte du rythme de progression des organisations paysannes encadrées par cette société. L'évolution observée, de 1992-93 à 1995-96, montre que l'effectif des groupements tend plutôt à baisser. De 1996-97 à 1998-99, la progression est assez régulière. L'effectif des groupements augmente chaque année, en raison, sans doute, d'une forte adhésion des paysans, par suite de leur responsabilisation accrue dans la filière.

Tableau 2.2: Progression du nombre de groupements de producteurs cotonniers

Années	Nombre de GPC*	Croissance en %
1992-93	1893	-
1993-94	1894	100
1994-95	1678	89
1995-96	1639	98
1996-97	1907	116
1997-98	2059	108
1998-99	2144	104

Source: SODEFITEX

*GPC: Groupement de producteurs cotonniers

Enfin, le recensement, établi en 1995 par le réseau GAO (1995:27-28), indique que l'association socio-éducative et culturelle de l'Amicale du Walo (ASESCAW), émanation du foyer de Ronkh, regroupe plus de 2 000 GIE et plus de 15 000 membres. Il est à signaler que l'action de l'AJAC s'étend sur

600 villages; cette association constituera, en 1988, la coordination des organisations rurales du département de Bignona avec le CADEF et sept autres localités situées dans ce département.

On observe, dans l'ensemble, une évolution importante des GIE où s'exercent de nouvelles solidarités familiales (Vallée du fleuve), voire ethnique (Sénégal oriental). Ces organisations s'impliquent de plus en plus dans les différentes filières de production et dans la structuration des organisations de producteurs.

Le rôle des organisations paysannes dans la production agricole

La question posée ici consiste à apprécier la participation des organisations paysannes au développement agricole. Elle invite à établir un inventaire typologique des organisations paysannes sur la base de caractéristiques qui mettent en évidence leur contribution au développement.

Si l'on se réfère à la diversité des organisations paysannes, on peut présenter plusieurs typologies. En les rapportant aux caractères propres à ces organisations, il est possible d'avoir autant de types que de caractères. Si l'on établit au départ leur classification à partir de critères exclusifs, on peut les classer d'après la fonction, l'activité, la dimension ou le niveau organisationnel, l'extension géographique, les orientations stratégiques, l'autonomie vis-à-vis de l'administration publique et les ressources humaines et financières. Cela fait au total sept (07) critères qui peuvent se recouper dans différentes combinaisons.

La classification des organisations paysannes sur la base des filières de production permet d'évaluer plus facilement leur rôle dans la production. Elle rend possible la distinction des organisations concernées par une seule filière (production ou commercialisation) ou par plusieurs filières (production et commercialisation).

Très souvent, les organisations paysannes s'intéressent à une filière, même si elles peuvent avoir, dans ce cadre, plusieurs fonctions.

Le système coopératif illustre bien ce cas. Ce système réunit, en son sein, les coopératives évoluant à la base et les administrations sur lesquelles elles s'appuient. Malgré la diversité des organisations intervenant dans les mouvements coopératifs et la complexité de leurs relations, les coopératives sont, essentiellement, spécialisées dans la filière commerciale. Leur activité repose sur trois fonctions (commerciales de crédit et d'équipement) interdépendantes. Si chaque fonction dépend de l'autre, il est difficile de donner à l'une d'elle la prééminence sur les autres. En assurant l'équipement du paysan, le système coopératif contribue à la diffusion du progrès technique en milieu rural, à la modernisation de l'exploitation agricole et permet, ainsi de surmonter les difficultés d'approvisionnement en matériel et en semences qui procèdent de l'épargne insuffisante des paysans. Les commandes sont payées comptant aux fournisseurs grâce au crédit accordé par la Banque nationale de développement du Sénégal (BNDS) à l'Office de coopération agricole (OCA), qui est l'organisme acheteur.

graphique 2.1: Typologie des organisations paysannes

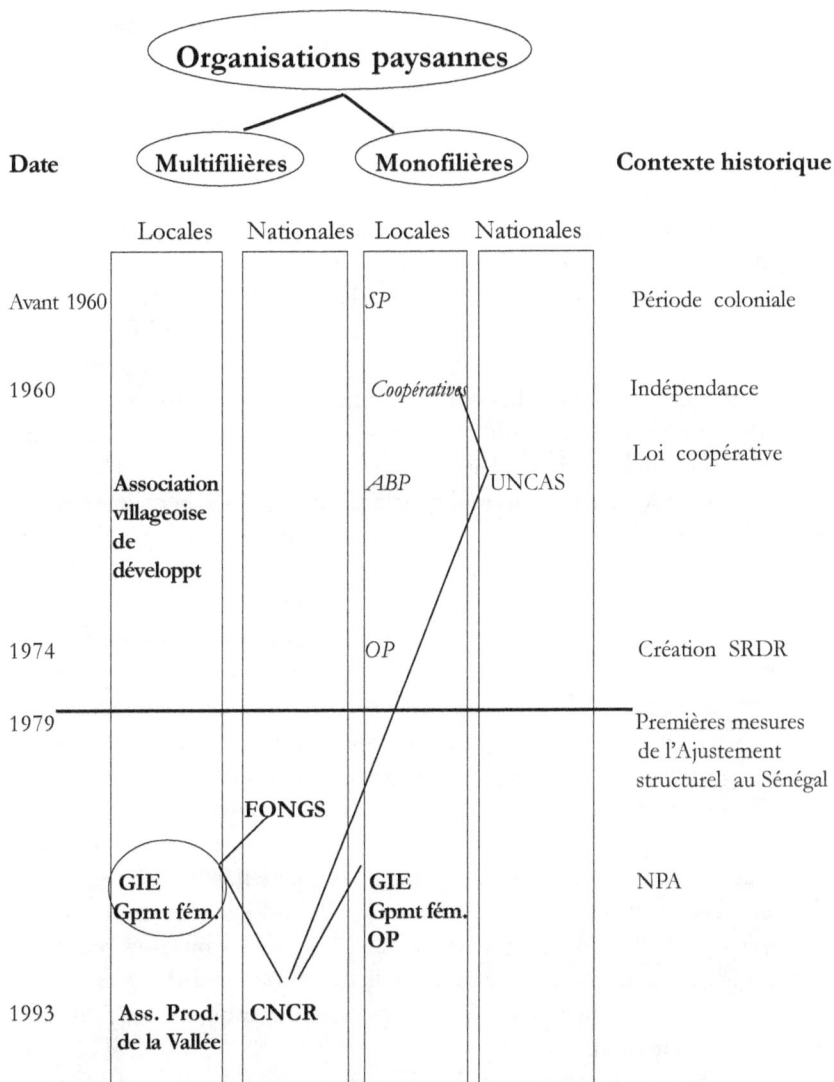

Date	Multifilières		Monofilières		Contexte historique
	Locales	Nationales	Locales	Nationales	
Avant 1960			SP		Période coloniale
1960			Coopératives		Indépendance
					Loi coopérative
	Association villageoise de développt		ABP	UNCAS	
1974			OP		Création SRDR
1979					Premières mesures de l'Ajustement structurel au Sénégal
		FONGS			
	GIE Gpmt fém.		GIE Gpmt fém. OP		NPA
1993	Ass. Prod. de la Vallée	CNCR			

GIE: Organisation autonome

SP: Organisation non autonome, dépendant de l'Administration publique avant l'Ajustement structurel au Sénégal.

Liaison organique

Le crédit de la BNDS devient un crédit accordé à la coopérative qui en bénéficie après livraison du matériel, non à l'organisme qui centralise les achats au départ. Il est cependant accordé sous certaines conditions: un plafond d'endettement est fixé; il correspond à 25 % de la moyenne commercialisée par la coopérative les deux années précédentes. Ensuite, une répartition est faite entre les crédits productifs (80 % du total) et les crédits de soudure (20 % du total), et pour les premiers, 55 % sont alloués aux engrais et 25 % au matériel.

La fonction de commercialisation dépend, ainsi, étroitement de la fonction de crédit qu'assume le mouvement coopératif. Le « crédit achat » et le «crédit graine» sont les deux phases de la commercialisation où le système coopératif joue un rôle déterminant. Le remboursement intégral du crédit n'est pas obligatoire. Cependant, la coopérative n'obtient le droit de commercialiser ses arachides que si elle rembourse au moins 80 % des dettes contractées auprès des banques. La caution solidaire est un mécanisme par lequel les banques récupèrent leurs dettes. Par le biais de cette caution, les prêts bancaires ne sont pas accordés aux paysans individuellement; ceux-ci sont collectivement responsables des prêts de leur coopérative. Les banques ont la possibilité de s'opposer au démarrage de la campagne de commercialisation si 80 % des dettes ne sont pas remboursés. Les paysans peuvent décider de rembourser en nature. Ils perçoivent dans ce cas une ristourne sur leurs apports. Ces ristournes peuvent être bloquées si le remboursement n'est pas intégral. Elles constituent une garantie de solvabilité de la banque vis-à-vis de ses débiteurs[23].

Les associations de base de producteurs sont surtout concernées par des filières de production. Elles commencent à apparaître au début des années 60 dans le bassin arachidier où elles sont encadrées d'abord par la SATEC et, ensuite, par la SODEVA, à partir de 1965. Elles ont des liens organiques avec les coopératives mais restent confinées dans des activités de production, ce qui les exclut des actions menées en amont (crédit) et en aval (commercialisation). Elles prolifèrent surtout à partir de 1974 avec la mise en place des sociétés régionales de développement rural. Elles jouissent de ce fait d'une autonomie relative et traînent des handicaps liés au manque de moyens et de suivi dans la formation.

La contribution de ces organisations paysannes à la production agricole est essentielle. On peut citer quelques exemples.

Dans la vallée, les groupements de producteurs sont encore opérationnels dans les périmètres irrigués villageois. Ce sont des structures relativement souples, plus faciles à gérer que les sections villageoises en raison de leurs faibles effectifs, de la proximité géographique de leurs membres et de leurs objectifs limités dans le temps. Cependant, beaucoup de paysans tendent à adopter le statut de GIE qui fleurissent un peu partout depuis l'avènement de la NPA en 1984.

Ceux-ci ont été créés dans un contexte où les conditions d'accès au crédit et à la terre sont plus favorables aux initiatives privées. On retrouve, parmi leurs membres, d'anciens fonctionnaires et de jeunes diplômés. Leur dynamisme dans le domaine de la production, est tel que beaucoup d'anciennes coopératives et de groupements paysans sont en train de se restructurer pour adopter ce nouveau statut. Il y a des GIE dans les Niayes, mais on les trouve surtout dans la Vallée du fleuve Sénégal, région où le potentiel de développement est élevé.

Cependant, si les périmètres irrigués villageois (PIV) sont cités comme un exemple réussi dans le développement de l'irrigation de la Vallée du fleuve Sénégal, le seul exemple dont les coûts d'aménagement et de construction soient raisonnables pour les économies villageoises, les organisations paysannes restent confrontés dans ce cadre à des problèmes de gestion et, surtout, à l'absence d'un système comptable cohérent. Des efforts sont faits pour renforcer les capacités des organisations paysannes en matière de gestion. L'alphabétisation prépare le terrain à cette formation qui se heurte un peu partout à l'identification des groupes cibles. Car les noyaux ne sont pas toujours homogènes du fait de l'opposition classique entre jeunes et vieux et entre les hommes et les femmes (Touré 1990).

Les organisations de producteurs dans la zone de la SODEFITEX ont beaucoup contribué au développement de la culture du coton. Les paysans y sont d'abord structurés dans des associations de base de producteurs dont la fonction consiste au développement des spéculations agricoles. Ces associations constituaient les relais techniques pour la SODEFITEX. Elles ont permis de structurer les paysans du secteur dans la région de Fatick (Kaone), de Tambacounda (Tamba, Kédougou) et de Kolda (Vélingara, Kolda, etc.). Elles ont une fonction double sur le plan technique dans le domaine de la production et de la gestion.

Les initiatives prises par ces différentes associations[24] favorisent le développement de la production agricole, encore entravée par de nombreuses contraintes.

Les contraintes

Elles sont d'ordre organisationnel. Les différences liées à l'âge, au sexe, voire à l'origine sociale, des membres au sein des organisations paysannes sapent leur unité. Le non-renouvellement périodique, sur des bases démocratiques, du mandat de leurs responsables apparaît comme une contrainte majeure dans le développement des organisations paysannes. Il est non seulement source de frustration et de conflit, mais il renforce les forces d'inertie en leur sein. Le jeu, au sein de ses organisations, des structures sociales traditionnelles, conforte la position de certaines élites locales qui en disposent comme un instrument de pouvoir. Cette situation conduit à un détournement des objectifs de ces organisations, introduit des pratiques clientélistes et suscitent des conflits[25] préjudiciables à la cohésion nécessaire à leur renforcement. La difficulté d'appliquer les sanctions contre les mauvais payeurs procède de telles pratiques. Lorsque par exemple, le plancher de remboursement n'est pas atteint, la coopérative reçoit non seulement son financement avec du retard, mais chaque coopérateur en subit les conséquences. Ces comportements influent négativement sur la gestion d'ensemble des villages regroupés dans les mêmes sections villageoises.

C'est dire que les difficultés de remboursement du crédit constituent une contrainte majeure pour le développement des organisations paysannes. Elles ne favorisent pas l'accès au crédit pour certaines organisations confrontées à des problèmes d'acquisition et de renouvellement des équipements, ce qui accroît les charges monétaires de l'exploitation paysanne. La période d'amortissement du matériel est souvent trop brève et le paysan, en butte à des difficultés de toute sorte, est obligé de gager son matériel chez le commerçant, s'engageant ainsi dans une sorte de spirale du crédit (Touré 1985:302). Les performances actuelles de l'exploitation agricole au Sénégal ne permettent pas encore de corriger ces tendances négatives. S'y ajoutent des contraintes liées à l'accès à la terre des groupes sociaux encore vulnérables (jeunes et femmes) et à la formation. Conscientes de l'impact négatif de ces contraintes sur leur développement, les organisations paysannes s'engagent de plus en plus dans la recherche de solutions à ces différents problèmes.

Les perspectives

La recherche d'une efficacité accrue pousse les organisations paysannes à se restructurer, depuis le milieu des années 80. De plus en plus, les groupements villageois cèdent du terrain aux GIE, groupements privés gérés par des individus et ayant un accès plus facile au crédit. Ces groupements opèrent au niveau local. Ils ont l'avantage d'être plus ouverts, et sont accessibles aux femmes traditionnellement exclues des groupements de producteurs. Ils sont nés en 1984, dans un contexte où l'État se désengage des activités agricoles et bénéficient d'un environnement juridique et institutionnel plus favorable. Leur flexibilité constitue leur principal atout. Leur deuxième atout réside dans le fait qu'ils favorisent davantage l'affirmation des individus et la prise de responsabilité individuelle ou familiale, lorsque le GIE correspond à l'exploitation familiale.

Ensuite, les tentatives de regroupements marquent, à partir du milieu des années 80, une volonté de renforcer les organisations paysannes et d'améliorer leur pouvoir de négociation. Dans cette perspective, la FONGS polarise depuis 1984, un certain nombre d'organisations paysannes. Le CNCR est né du Forum organisé par la FONGS en 1993 sur le thème «Forum National du mouvement paysan autonome: quel avenir pour le paysan sénégalais». La FONGS constituait un cadre étroit et ne pouvait pas représenter l'ensemble des producteurs ruraux. D'où l'idée de créer un cadre plus fédérateur, nécessaire pour élaborer des positions communes à l'ensemble des producteurs ruraux et des organisations paysannes. La naissance du CNCR cherche à répondre à des attentes paysannes relatives à la relance de l'agriculture sénégalaise. Celle-ci repose sur la mise en place d'un programme agricole viable qui comprend la détaxation de matériels agricoles, la régénération des sols, la baisse du crédit, et, enfin, la mise en place d'un programme de sécurité alimentaire.

Certes, des résultats ont été obtenus pour la régénération des sols avec le phosphatage de fonds et pour le taux du crédit qui a baissé en 1997 (13,5 % à 7,5 %). Mais le CNCR a été créé pour renforcer la capacité de négociation des organisations paysannes, revaloriser l'identité des valeurs paysannes et, surtout, amorcer un partenariat de type nouveau avec l'État en développant un programme d'échanges en matière de formation surtout avec d'autres organisations paysannes africaines. Ce programme se traduit par la constitution d'une structure permanente de concertation avec l'État qui rencontre le chef de l'État une fois par an, le Premier ministre une fois tous les trois mois et le ministère de l'Agriculture une fois par semaine. Ces rencontres se font sur la base d'une plate-forme réalisée à la suite d'une concertation entre les différents membres du CNCR. Si la solidarité joue entre les différents membres, la représentation, qui est l'une des fonctions principales de ces grandes fédérations, se heurte à de difficultés qui soulèvent surtout le problème de la capacité de ces organisations à assumer ces nouvelles missions.

La communication entre les différents membres et la circulation de l'information sont des problèmes majeurs que rencontrent ces grandes fédérations (CNCR, association de producteurs de la vallée, etc.). C'est pourquoi elles s'acheminent vers des solutions visant une plus grande décentralisation de leurs activités. Les mesures prises dans ce sens sont de nature à conforter la participation des paysans au développement local dans un contexte marqué par l'application de la politique de la régionalisation à partir de 1996. Celle-ci marque l'aboutissement d'un processus qui débute en 1972 avec la réforme administrative; elle contribue, avec la mise en place des communautés rurales, à l'institution d'une tutelle administrative rapprochée dont profitent les éléments proches du parti au pouvoir[26], et à la délocalisation du jeu politique par la création d'espaces de confrontation et de compétition autour d'enjeux locaux, tels que la réforme foncière administrée par les organes du Conseil rural (Blundo 1998:8).

Toutefois, renforcer cette participation passe, nécessairement, par l'amélioration de la capacité des organisations paysannes à dialoguer avec leurs partenaires; il faut, dans cette perspective, renforcer les programmes de formation destinés aux populations rurales, mettre en réseau les initiatives en développant des relations plus démocratiques entre les instances d'une même organisation, mais aussi entre les organisations membres d'une même fédération, et rendre plus accessible et plus efficiente la circulation de l'information grâce aux nouvelles technologies de l'information.

Conclusion

Il se dégage de cette étude que la diversité des structures est une caractéristique constante du mouvement paysan, depuis l'apparition, avant 1960, des premières organisations paysannes jusqu'à nos jours.

Ensuite, les sociétés de prévoyance ont été des structures de médiation entre l'administration coloniale et le mouvement paysan. Parmi les structures nées après 1960, certaines sont d'inspiration étatique: c'est le cas des coopératives dont le développement est entravé par les nombreux dysfonctionnements observés en leur sein. Si les organisations de producteurs qui fleurissent à partir des années 70 sont plus flexibles et plus faciles à gérer, les associations villageoises de développement, expression de la volonté des villageois de se prendre en charge, constituent les seuls pôles autonomes. Toutes ces associations subissent, cependant, les contraintes liées aux difficultés d'accès aux crédits et à la terre. Ces cadres communautaires éclatent avec l'avènement en 1984, des GIE qui valorisent davantage les initiatives individuelles ou celles de cellules familiales. L'émergence des GIE marque la seule rupture véritable dans l'évolution des organisations paysannes; elle remet en cause les structures communautaires.

Au total, sur l'ensemble de la période considérée, c'est, surtout après 1990, que les organisations paysannes tentent de renforcer leurs capacités pour développer des initiatives propres et leur pouvoir de négociation à travers les grandes fédérations (CNCR et Association des producteurs de la Vallée, etc.). Si l'envergure de ces fédérations constitue, pour les paysans, un atout face à leurs différents interlocuteurs, elle les contraint à faire des efforts pour mieux décentraliser l'information entre les dirigeants et leur base, d'une part, et entre les différentes organisations membres, d'autre part. Cette décentralisation renforce la participation des organisations dans le cadre de la politique de régionalisation.

Notes

1. L'ambiguïté de la position des leaders des associations paysannes constituées après 1960 ne militent pas en faveur d'un renforcement organisationnel de ces dernières, BLUNDO (1994:111) montre que cette ambiguïté tient au fait que la légitimité des leaders dépend aussi bien de la tradition que d'un jeu complexe de facteurs hétérogènes (liaison avec la partie au pouvoir et capacité de relier avec des partenaires extérieurs). Combinées à l'appartenance du leader aux groupes sociaux dominants, ces sources de légitimation exogène créent une asymétrie de l'information et des décisions entre le leader et ses administrés; elles peuvent aussi constituer un frein à toute recomposition sociale au sein de ces organisations.

2. M. El Hadj Oumar Touré, ancien Directeur général de la SDRS, de la SOMIVAC et de la SODEVA est remercié de nous avoir fait part de ses observations et apporté des précisions sur le développement de ces sociétés.

3. La SAED, créée en 1965, la SODEVA, créée en 1968, et la SODEFITEX, créée en 1974, ont vu leur statut modifié, en 1976, en devenant des Sociétés régionales de Développement rural (SRDR). La SOMIVAC est, dès sa naissance, en 1976, Société régionale de Développement rural. La SODAGRI et le STN, avaient des missions ponctuelles: développement de l'Anambé pour la première et colonisation des terres neuves pour la seconde; elles étaient des sociétés d'intervention (E.O. Touré).

4. On peut citer le cas du Foyer de Ronkh, créé en 1963; ce mouvement a abouti, en 1974, à la création de l'amicale des foyers du Walo qui regroupe plusieurs associations villageoises. L'Association des jeunes agriculteurs de la Casamance (AJAC) est née en 1974 à la suite d'un long processus de maturation, commencé en 1965. La fédération des paysans de Bakel, basée à Koungani, était déjà structurée en groupements villageois avant l'arrivée de la SAED en 1975 (ENEA 1990).

5. Les GIE ont une fonction économique très marquée.

6. Il s'agit ici du processus grâce auquel la vie associative favorise le regroupement des villageois dans des structures qui leur sont propres.

7. M. Bourrier, alors Directeur régional du CRDI (1996) est remercié de nous avoir permis d'utiliser ces passages sur les ONGs tirés du document réalisé par nous pour le CRDI: les ONGs et la recherche, 1989.

8. Ousmane Ndiaye du CNCR, Pape Touty Sow de la SODEFITEX, MM. Touré, A. Sow, A. Kane, M. Fofana et Mme Dramé de la SAED, B. Aïdara ainsi que de nombreux leaders paysans et des enquêteurs rencontrés sur le terrain sont vivement remerciés d'avoir fourni des informations très utiles dans le cadre de ce travail.

9. La FONGS est le premier regroupement connu; elle est créée en 1976 et fédère, en 1984, cinq (05) unions d'associations paysannes et 13 unions d'associations entre 1985 et 1989. Elle revendique 100 000 membres dans sa maquette de présentation parue en 1993 (Blundo 1998:283-284).

10. Dia, 1952, 22.

11. Selon Dia (op. cit.), ce décret s'inspire d'une législation en vigueur dans les territoires où la colonisation agricole a été développée; c'est-à-dire, à cette époque-là, en Algérie, en Tunisie et en Indochine.

12. La SODEVA, première société d'intervention, hérite des actions de la SATEC dont elle prend le relais dans le bassin arachidier en 1968.

13. La tutelle directe de l'ONCAD sur le mouvement coopératif ne s'est réalisée qu'avec le rattachement dans les années 70 du service de la coopération, chargée de l'encadrement (E.O. Touré).

14. Il s'agit de la réforme portant redynamisation des structures du monde rural et création des sociétés régionales de développement agricole.

15. L'État dissout la direction de l'action coopérative, en 1989, suite aux nombreux dysfonctionnements observés dans la gestion de l'action coopérative; l'UNSAS est, actuellement, membre du CNCR.

16. Il s'agit du texte de Djibril Sène sur la réforme portant re dynamisation des structures d'intervention.

17. Les AVD commencent à s'installer dans les régions périphériques, en raison, semble-t-il du vide institutionnel (encadrement technique faible, voir inexistant) qui les caractérise à ce moment là; l'État du Sénégal manifestait très peu d'intérêt pour la création ou le développement des organisations paysannes dans ces régions où l'arachide n'était pas la culture dominante (E.O. Touré).

18. Blundo, 1998, 26 et Schoomaker Frendenberger 1993, 67.

19. C'est sous la pression des bailleurs de fonds ou des sociétés d'intervention que les hommes acceptent de céder des terres aux femmes dont les groupements s'imposent de plus en plus par leur sérieux, par les résultats atteints dans le remboursement des dettes.

20. Parmi celles-ci: l'association villageoise de Kabilline, devenue entente inter-associative, démarre ses activités autour des années 75; le comité inter-villageois du comité d'action pour la zone de Bambathialène est né en décembre 1977; l'AJAC qui regroupe plusieurs associations villageoises casamançaises est créée en 1974; la fédération des paysans de Bakel organisée par Diabé Sow existait déjà lorsque la SAED est venue dans la zone de Koungani.

21. Ces informations sont tirées de documents fournis par Mme Dramé qui gère le volet féminin du programme 6e FED.

22. Les données sur le nombre de groupements et leurs effectifs à la SODEFITEX sont tirées de documents fournis par M. Pape Touty Sow.

23. Ces informations proviennent surtout du document de la SATEC (1966): «Aperçu du mouvement coopératif».

24. Jacob (1999, 257-258) estime que lorsque les individus font face à des problèmes tels que les institutions en place ne peuvent pas les résoudre, ils créent des associations... en procédant ainsi, il se pose un problème de gouvernance puisqu'ils se donnent un cadre normatif pour une action collective et doivent pour se faire répondre à des questions comme: qui décide et qui agit ? Quel type d'action peut être entrepris ou pas ? Quels types de règle doivent être mis en place avant l'action ?

25. Selon Blundo (1994, 118) la faiblesse des organisations paysannes résident dans leur incapacité à résoudre des conflits, ce qui les oblige à recourir à des médiations extérieures (ONG); pour Jacob (1994, 265), le défaut de résolution des problèmes correspond souvent à un déficit des normes et d'institutions au sein des villages. Ce qui signifie dans les deux cas que ces associations sont confrontées à de problèmes de gouvernance surtout si l'on admet avec Blundo (1994, 113) qu'elles sont, à un certain niveau d'organisation, des lieux d'interaction de groupes stratégiques distincts.

26. La présence de ces éléments au sein des conseils ruraux, organe de délibération, leur confère un surcroît de pouvoir au sein des différentes instances où ils sont représentés.

27. La SDRS est devenue Société nationale avec la loi cadre; elle a été dissoute en1970.

Références

Arrow, K.J., 1974, *The limits of organization*, New York / London: Norton.

Belloncle, Guy, 1985, *Participation paysanne et aménagements hydro-agricoles*, Khartala.

Blundo, G., 1998, *Elus locaux, associations paysannes et courtiers du développement au Sénégal*, Th. Doct. Faculté des Sciences sociales et politiques: Université de Lausanne, 440.

Blundo, G., 1994, Le conflit dans "l'entente", coopération et compétition dans les associations paysannes de Koungueul (Sénégal) in les Associations paysannes en Afrique, Karthala: 20-99.

Brown, L.D., Korten D.C. – The role of voluntary organizations in development. An exploratory concept, prepared for the World Bank, 33 p. multigr.

Dia, M., 1958, *Contribution à l'étude du mouvement coopératif en Afrique Noire*, Paris: Présence africaine.

Dia., Diop S., Diallo A., 1997, *Étude sur les organisations paysannes et les mécanismes de concertation dans le cadre de la relance*, Dakar, ministère de l'agriculture, groupe de réflexion stratégique.

De Loisy, E., 1988, *Les organisations paysannes au Sahel*, Centre Sahel, Université de Laval, Série conférence n°1, 14 p.

Drabeck, A.G., edit., 1987, *Development Alternatives: The Challenge for NGOs*, World Development, vol. 15, Oxford, supplement, Pergamon Press, 261 p.

ENEA, 1990, «Les associations villageoises de développement», Dakar, ENEA, *Bull. de la recherche appliquée* n°3, 68 p.

Gaye, M., 1988, Les coopératives rurales et l'expérience de la responsabilisation, séminaire ISRA-MSU, 34 p. multigr.

Gaye, M., 1988, *Les structures coopératives face aux mutations institutionnelles*, Dakar, ISRA, doc. de travail, non paginé.

Gellar, S., 1983. The cooperative movement and Senegalese rural development policy, 1960-1980, Princeton University, 72 p.

Gellar, S., Charlick, R.B., Jones, Y., 1980, «Animation Rural and Rural development: the experience of Senegal», Cornell University, Rural Development committee, Special Series on *"Animation Rurale"*, Ar n°2, 211 p.

CILSS / Club des Amis du Sahel, 1977, Commercialisation, politique des prix et stockage des céréales au Sahel: Etude Diagnostic, 2 tomes.

Club du Sahel, 1987, Analyse des dynamiques d'organisation du monde rural dans le Sahel, 1987, Le cas du Sénégal, rapport de mission, provisoire, 44 p. multigr.

Collion, M.C., 1982, Aperçu sur la situation du Bassin arachidier dans l'économie sénégalaise, Washington, consultation, Cabinet Aurora Ass. 99 p + fig.

Contin, J. F., 1994, Etude de la capacité des organisations paysannes des casiers transférés à prendre la charge de la gestion, l'entretien de la police des casiers, Dakar,/SAED/ Banque Mondiale/Fonds d'aide et de coopération, rapport provisoire, 24 p.

CRDI, 1986, *Selon nos idées la recherche au service du Tiers Monde: Le centre de Recherche pour le Développement International et la contribution du Canada*, Préface de Morse Bradford, 1970-1985, Ottawa, 242 p.

Israel, A., 1990, *Institutional development incentives to performance*, Baltimore/Londres, Published for the world Bank, The John Hopkins University Press, 241 p.

Jacob, J.P., Lavigne Delville P., 1994, *Les associations paysannes en Afrique. Organisations et dynamiques:* Paris, Karthala.

Jacob J.P., 1994, «Gouvernance, imputation, redondance. Réflexion sur la multiplicité des intervenants et la multiplicité des organisations paysannes», in J-P Jacob et P. Lavigne Delville (sous la direction de), Paris, Karthala/APAD/IUED, 1994, pp. 255-270.

Lake, L. A., Touré, E. S. N., 1985. L'expansion du Bassin arachidier Sénégal, 1954 - 1979, Brochure n°48 AMIRA, INSEE-Coop, Paris, 100 p. + ann.

Lalau, Keraly, A., D'Orfeuil, H., 1983, *Le renouveau de l'action gouvernementale en Afrique du Sud du Sahara*, Paris: Gret.

Mbodji, M., 1984, «The politics of independence: 1960-1986» in *The Political Economy of Senegal under Structural Adjustment*, edited by Delgado and Jammeh, N. York: 117-126.

Mintzberg, H., 1984, *Structure et dynamique des organisations*, Paris: Editions d'organisation.

Obern, C & S, Jones, D. 1981, «Critical factors affecting agricultural production cooperatives», *Annales de l'économie publique, sociale et coopérative*.

Réseau GAO., 1995. Situation et évolution des organisations paysannes et rurales. Le Sénégal, Dakar, 2e édition, 87 p.

SAED, 1997. Recueil des statistiques de la Vallée du Fleuve Sénégal, Annuaire 1995/ 1996, version résumée, 64 p.

SAED, 1998. Fiche signalétique des organisations paysannes, Délégation de Dagana.

SAED, 1998. Fiche signalétique des organisations paysannes, Délégation de Podor.

SAED, 1998. Fiche signalétique des organisations paysannes, Délégation de Matam.

Sène, D., 1980. Sur la réforme et la redynamisation des structures d'encadrement, communication au Conseil National du Parti Socialiste du Sénégal, 48 p, multigr.

SODEFITEX, 1995. Bilan PDRSO, Direction technique.

SODEVA, 1981, Contribution à la restructuration des coopératives, Direction Générale, 9 p + ann.

Touré, E.H.S.N., 1981. L'agriculture sénégalaise dans l'impasse. Bilan et perspective de la production agricole et de l'encadrement rural in Bull IFAN, T. 43, série B, n° 3-4 juillet-octobre 1981. (paru le 28 février 1985), 29 p.

Touré, E.H.S.N., 1989, *Le rôle des ONG dans la recherche Définition, principales caractéristiques et inventaires typologiques*, Dakar: CRDI-BRACO, 31 p.

Touré, E.H.S.N., 1990, «Migration et développement agricole dans le Nord du Sénégal (Fuuta Tooro): 1954-1980», Th. Doct.: Université de Paris VIII, 208 + ann.

Touré, E.H.S.N., Lake L.A., 1992, Environnement et développement. Approche économique. Colloque sur l'environnement dans l'enseignement des sciences humaines et sociales, Université de Dakar – Fondation Ford, Dakar 25 à 27 novembre, pp. 51-58.

Touré, E.H.S.N., 1997, «Régionalisation et développement durable. Le cas du Sénégal», in *revue Sociétés africaines et Diaspora*, n° 7, Paris, l'Harmattan.

Yung, J.M., 1966, *Aperçu sur le système coopératif sénégalais*, Dakar: SATEC.

Yung, J.M., Gatin, A., 1968, *Aperçu sur le mouvement coopératif sénégalais*, Dakar: SATEC.

Yung, J.M., Gatin, A., 1968, *L'autogestion coopérative, Conditions, hypothèses et propositions*, Dakar: SATEC, 26 p + ann.

Éléments bibliographiques

Actes du Séminaire sur la sécurité foncière rurale au Sénégal, Saint-Louis 1e-3 avril 1998 Bilan 9e plan Note technique n° 16 octobre 2000.

Conférence régionale sur la Problématique foncière et la Décentralisation au Sahel, actes de la conférence septembre, 1994, CILS.

Doublier Roger - La propriété foncière en AOF, Rufisque, 1957.

Dumont René et M. F. Mothin le défi sénégalais Enda Dakar juin 1992.

Durand-Lasserve Alain et Jean-François Tribillon, 1986, *Pratiques Foncières et Orientations Politiques*, Conakry,.

Étude Prospective (Sénégal 2015), Ministère du Plan et de la Coopération, juillet 1989.

Gerti, Hesseling, *Pratiques foncières à l'ombre du droit. L'application du droit foncier urbain à Ziguinchor*, Sénégal, African Studies Centre, 1992/49

Golan, Elise H.. - Land Tenure Reform In Senegal: An Economic Study From The Peanut Basin. Land Tenure Center. University of Winsconsin-Madison. January, 1990.

Le Point sur la Recherche agricole en Afrique (journées de réflexion de Dakar 28-30 juin 1990 volume 2 n° 3

Le Roy, Etienne & Mamadou Niang, *Le régime juridique des terres chez les wolof ruraux du Sénégal*, Paris I, Laboratoire d'Anthropologie juridique, 1976, 2ᵉ édition.

Le Roy, Etienne, 1982, *Enjeux Fonciers en Afrique Noire* (sous la direction de E. Le Bris, E. Le Roy et F. Leindurger), Paris ORSTOM-Karthala,.

Le Roy, Etienne, 1990, *L'analyse socio-économique des systèmes d'exploitation agricole et de gestion de terroir dans le Bas-Saloum Sénégal*, Centre de formation supérieure pour le développement agricole, Université Technique de Berlin, décembre..

Le Roy, Etienne, 1987, *La réforme du droit de la terre dans certains pays d'Afrique Francophone*, FAO, Rome.

Le Roy, Etienne, 1970, *Système foncier et développement rural thèse de droit*, Université de Paris.

Les femmes et la terre, 1989, BIT.

Ly, Ibrahima, 1990, *Les manifestations du pouvoir réglementaire des autorités administratives en matière foncière au Sénégal*, RIPAS n° 23-24 janvier-décembre, pp. 237-248.

Niang, Mamadou, 1989, *Appui a l'évaluation de l'impact du programme d'ajustement structurel sur le secteur agricole (PASA)*.Sénégal volume V. FAO-MDR - novembre.

Niang Mamadou, 1984, *Problèmes du monde rural en Afrique*, IFAN, janvier 130 p., cours CFPA - ENAM

Niang Mamadou, 1990, *Rapport de consultation: Auto Promotion paysanne et décentralisation au Sénégal. Quel cadre institutionnel?* IPD - ENEA Dakar, juillet.

Niang, Mamadou, 1975, «Réflexion sur le régime des terres au Sénégal», in *Bulletin de l'IFAN* Série B, janvier pp. 137-153.

Niang Mamadou, «Régime des terres et stratégie de développement rural au Sénégal: un exemple de la résistance du droit coutumier africain», in *African Perspectives* 1979/1.

Pluralisme Culture et Droit, on *Bulletin Liaison* N° 17 juin 1992 Laboratoire d'Anthropologie Juridique de Paris.

Rapport O*rientation et Stratégies de formation à l'horizon 2001* avril 1989.

Rapport de mission (Banque Mondiale), 1990, *Politique foncière agricole* par Jacques Gasaldi.

Rarijoana René, 1933, Le concept de propriété en droit foncier de Madagascar (étude sociologique), Editions CUJAS, Paris V, 1933, Bulletin officiel des colonies.

Traoré, Bakary, 1989, *l'intégration économique de la paysannerie en Afrique subsaharienne*, Harmattan, Paris.

Textes législatifs et règlementaires

Arrêté du 5 novembre 1830 du gouverneur général promulguant le code civil au Sénégal, Bulletin d'Administration du Sénégal, 1830.

Décret du 20 juillet 1900 relatif au régime de la propriété foncière au Sénégal et ses dépendances, Bulletin officiel des colonies, 1900.

Décret du 8 octobre 1925 instituant un mode de constatation des droits fonciers des indigènes en Afrique occidentale française, J.O. AOF, 1935.

Circulaire du 18 novembre 1925 au sujet du décret instituant un mode de constatation des droits fonciers des indigènes, en Afrique occidentale française, J.O.- AOF, 1925.

Décret du 26 novembre 1930 sur l'expropriation pour cause d'utilité publique et l'occupation temporaire en Afrique Occidentale Française, Bulletin Officiel des Colonies 1930.

Décret du 26 juillet 1932 portant réorganisation du régime de la propriété foncière en Afrique Occidentale Française, J.O. AOF, 1933.

Arrêté n° 901 SE du 15 avril 1933 portant règlement pour l'application du décret du 26 juillet 1932 sur le régime de la propriété foncière en Afrique occidentale française, J.O.- AOF du 19 avril 1933.

Décret du 20 décembre 1933 portant constatation des droits fonciers des indigènes en Afrique occidentale française.

Décret n° 64-573 du 30 juillet 1964 fixant les conditions d'application de la loi n° 64-46 du 17 juin 1964 relative au dommaire national, J.O. n° 3699 du 29 août 1964.

Décret n° 64-574 du 30 juillet 1964 portant application de l'article 3 de la loi n° 64-46 du 17 juin 1964 relative au domaine national autorisant à titre transitoire l'immatriculation au nom des occupants ayant réalisé une mise en valeur à caractère permanent, J.O. n° 3700 du 19 août 1964.

Loi n° 61-08 du 14 janvier 1961 instituant une procédure d'exploitation spéciale pour certaines terres acquises à la suite d'octroi de concessions domaines rurales, J.O. n° 3431 du 31 janvier 1961.

Loi n° 64-46 du 17 juin 1964 relative au domaine national, J.O. n° 3690 du 11 juillet 1964.

Loi n° 72-25 du 19 avril 1972 relative aux communautés rurales.

Loi n° 76-66 du 2 juillet 1976 portant code du domaine de l'Etat, J.O. n° 4518 du 20 septembre 1976.

Loi n° 76-67 du 2 juillet 1976 relative à l'expropriation pour cause d'utilité publique et aux autres opérations foncières d'utilité publique, J.O. n° 4506 du 28 juillet 1976.

Loi n° 9037 du 8 octobre 1990 relative à la gestion des communautés rurales.

Loi n° 9606 portant code des collectivités locales.

La constitution sénégalaise commentée CREDILA et Friedrich Ebert.

Recueil des textes de la Décentralisation Primature août 1997.

3

Les ONG au Sénégal,
un mouvement social ascendant

Abdou Salam Fall

L'image d'organisations volontaires de développement se faisant la concurrence et rivalisant de légitimité en faveur du monopole ou du contrôle de l'aide au développement reste largement diffusée. Nombre d'analystes observent à distance ces organisations non gouvernementales (ONG) sous le prisme de structures jeunes et sectaires, jouant certes un rôle d'interface comme de nouveaux intervenants dont la crédibilité est acquise du dehors, mais dont la durée de vie et les capacités d'influence demeurent limitées. À la différence de cette vision, on peut considérer l'émergence et le potentiel d'efficience des ONG comme inscrites dans une dynamique d'occupation d'espaces libres et de promotion de nouvelles réponses à une échelle micro sociale, fragments du champ du développement à la base peu convoité et domestiqué jusqu'alors.

Lorsqu'on a laissé à tort un champ en friche, puis développé vainement une volonté de rejet et d'étouffement, les règles de la dépendance des intervenants vis-à-vis de nouveaux acteurs qui émergent, se négocient dans le long cours. Il y a donc un certain malaise. G. Daba (1995) l'exprime clairement lorsqu'elle écrit que les «ONG ont eu une réputation positive par défaut».

Une autre critique non moins diffusée met l'accent sur la concurrence au sein de la communauté des ONG. Elle prend subtilement à son compte le champ du développement comme une arène où s'affrontent différents acteurs motivés par le contrôle sur les ressources. Cependant, à la lumière de nos observations, on peut formuler l'hypothèse que la rivalité au sein des ONG persiste sous des formes plus voilées mais elle s'est trouvée fortement atténuée dans un contexte sénégalais marqué par un interventionnisme diversifié et massif. Autrement dit, quand différents acteurs institutionnels et individuels ont marqué chacun leur territoire propre, développé par eux-mêmes leur spécialité, fait admettre une identité, couvert des champs où leur compétence est établie, les besoins de complémentarité et d'échanges prennent progressivement le relais de l'invective et de l'ignorance les unes des autres. Les connexions des ONG en réseaux sont analysées comme une innovation conçue en tant que modèle d'organisation adopté parce que correspondant aux besoins spécifiques communs à satisfaire.

Ce texte vise à refléter les conditions d'émergence et le pluralisme du mouvement des ONG intervenant au Sénégal. Il met en relief une communauté d'intervenants volontaires dont le trait d'identité repose sur l'engagement à construire par des méthodes douces et participatives des voies alternatives de développement à la base et de changements sociaux. Longtemps perçues comme des «amortisseurs de crises» ces ONG s'affirment de plus en plus comme un contre pouvoir par leur capacité à se développer de façon autonome et en prenant fait et cause pour les groupes sociaux jugés vulnérables et conjoncturellement placés dans l'incapacité à se défendre et à se faire entendre.

Force ascendante, les ONG ont des atouts importants dans le processus d'accompagnement du développement local en même temps qu'elles sont placées devant des mutations dans un contexte de globalisation mettant à rude épreuve à la fois leurs capacités à s'adapter et aussi la vitalité de la solidarité internationaliste qui fonde leur identité.

L'analyse sommaire proposée ici s'inscrit dans la réflexion plus large tendant à montrer les forces et faiblesses des ONG en tant que mouvement social spécifique en expansion.

Périodisation de l'émergence des ONG au Sénégal

Pour mieux camper les conditions d'émergence des ONG, il est utile de proposer une périodisation. En effet, concernant les étapes marquantes de l'affirmation des ONG d'Appui au Développement au Sénégal, trois périodes essentielles sont à prendre en compte:

1940 - 1960: cette période est marquée par deux (2) approches: l'approche caritative caractérisée par la décentralisation des services de santé, l'éducation de base et la formation professionnelle: CARITAS, Missions protestantes, Adventist; balbutiements de l'approche développement communautaire: apprentissage de l'action communautaire désintéressée dans des petites zones rurales assez localisées sans aucun effort de diffusion et de valorisation autre que pédagogique: la préparation civique et élitiste est l'objectif de ses bonnes actions.

1970 - 1985: déclenchement brutal du cycle de sécheresse: intervention d'urgence d'antennes d'ONG internationales au Sénégal et naissance d'ONG locales en réaction à la désertification dans le Sahel: l'aide alimentaire à la lutte pour l'autosuffisance alimentaire et l'intermédiation financière sont les maîtres mots. C'est l'approche projet qui domine.

1985 - 1998: émergence des ONG nationales d'abord et internationales qui s'affirment comme relais au désengagement de l'État et pour prendre en charge les conséquences des plans d'ajustement structurel entre autres. Des années 1995 à maintenant, la lutte contre la pauvreté devient le trait fort de l'action des ONG qui s'est diversifiée et gagne en visibilité à l'échelle nationale et internationale. L'approche projet cède la place à une approche programme qui prend la forme quelques fois d'une approche régionale ou thématique transversale visant plusieurs régions mais pas toutes. Les programmes de développement institutionnel pour les ONG se font jour. Le développement de consortium d'ONG, réseaux, fédérations d'associations villageoises de développement, regroupement de GIE connaissent leur phase de maturation lente.

Cette périodisation montre que les ONG sont précisément des intervenants faisant parties intégrantes (le CONGAD regroupe en plus des ONG d'appui au développement, des fédérations d'associations de Femmes (ex FAFS) ou de producteurs (ex FONGS).ou non des communautés ciblées et appuyées dont l'action est rendue nécessaire par l'iniquité dans l'accès aux ressources à la fois intellectuelles et matérielles pour le développement. Elles sont nées pour occuper des espaces libres en mettant en œuvre des innovations avec les populations directement concernées selon des approches de proximité qui ont certes évoluées. Les actions ont connu des changements progressifs à mesure que ces ONG ont capitalisé de l'expérience.

Le dispositif d'implantation des ONG au Sénégal

Le dispositif d'établissement des ONG se présente sommairement selon les paramètres suivants qui sont loin d'être exhaustifs mais qui donnent une idée de leur diversité, de leurs domaines d'intervention et les zones couvertes:

Tableau 3.1: Statistiques sur la répartition des ONG membres du CONGAD par nationalité

Régions	Pourcentage
Allemagne	1
Belge	1
Canada	1
Italie	4
USA	17
France	14
Suisse	1
Afrique	12
Sénégal	56

Tableau 3.2: Pourcentage du domaine d'intervention des ONG

(Répartition Statistique)

Secteurs d'activités	Pourcentage (%)
Agriculture	68
Environnement	68
Enfance	37
Énergie	13
Femmes	71
Handicapés	18
Hydraulique	49
Santé	64
Artisanat	34
Technologie	28
Éducation	88
Élevage	46
Épargne Crédit	45
Droits de l'homme	15

Tableau 3.3: Statistiques des zones d'intervention des ONG par région d'intervention Pourcentage par région

Régions	Pourcentage
Dakar	74
Diourbel	36
Fatick	37
Kaolack	51
Kolda	42
Louga	43
Tambacounda	42
Thiès	65
Saint-louis	56
Ziguinchor	48

- des organisations de secours et d'aide
- des organisations d'appui au développement
- des organisations de droits humains
- des organisations de formation et d'encadrement technique
- des organisations fortement orientées vers des activités particulières: santé, environnement, agriculture, Épargne et Crédit, problèmes de population, éducation, alphabétisation, etc.

Les domaines classiques d'intervention (secours, aides d'urgence) sont de plus en plus abandonnés ou fluctuent selon les besoins. Par contre, les domaines émergeants sont la problématique des droits humains, le crédit/épargne, le genre et l'environnement, etc.

On note une répartition assez homogène dans le pays parce que les écarts sont relativement faibles; Cependant, les régions de Fatick et de Diourbel sont les zones les moins couvertes. À Dakar, on note une forte présence d'ONG. Cela est dû essentiellement au fait que beaucoup d'ONG ont leur siège établi à Dakar pour des raisons de commodité.

Les ONG s'affirment dans un contexte de mutations rapides

La réflexion sur l'identité des ONG est rendue nécessaire face à l'élargissement de la base du mouvement associatif dans son ensemble et au regard du capital de crédibilité qu'elle a engrangé. Mieux, devant les importantes mutations qui s'opèrent sous nos yeux avec la mondialisation et la décentralisation notamment, commandent de définir ce que les ONG devront être dans un futur proche.

En se dotant depuis le début de cette année de nouvelles institutions locales avec la décentralisation, le Sénégal ouvre une nouvelle ère dans le développement des populations locales. Dans ce processus, les ONG ont un rôle déterminant à jouer. Elles doivent renforcer leurs compétences internes, améliorer leur fonctionnement et surtout conforter leur rôle de catalyseurs des initiatives populaires. Il est clair que la réussite de cette nouvelle étape (décentralisation) dépend de la mobilisation des populations et de leur adhésion à ce projet.

Il apparaît clairement maintenant que l'un des faits marquants de ces deux dernières décennies est l'émergence et l'essor du mouvement associatif. L'impératif d'agir immédiatement explique que les ONG émergent pour occuper efficacement les espaces libres. C'est pour cela que Louis Favreau (1997) les situent pertinemment à l'intersection de la relation communautés locales, économie sociale et développement. Aujourd'hui, les ONG jouent un rôle de plus en plus important dans l'amélioration des conditions de vie des populations locales, l'éradication de la pauvreté, le respect des droits humains, l'éducation à la démocratie, à la paix et à la protection de notre environnement.

Une étude sur les ONG au Sénégal, réalisée en 1996 par Michel Kenmogne de la BAD au profit de World Vision International note que, dans l'ensemble, beaucoup d'ONG, sont entrain d'acquérir une certaine expérience du terrain. 75 % d'entre elles cumulent au moins 8 années d'expériences. Même si, dans la définition de leurs objectifs, des questions complexes se posent. Comment, par exemple, faire du «développement intégré «et éviter de tomber dans le piège des objectifs «généraux et vagues» ?

Cette question induit la problématique de l'identité des ONG. Mais, il est important de noter avec l'étude citée plus haut, que la quote-part affectée au fonctionnement des ONG par rapport aux opérations effectives sur projets est de près de 18 %. Ce qui est un bon ratio et témoigne d'une certaine efficience.

Le code d'éthique comme garant de la participation populaire

L'élaboration d'un Code d'Éthique et de Déontologie des ONG, est désormais un impératif. En effet, pour un secteur émergeant, l'identité est en construction évolutive. L'intérêt d'un code est qu'il permet de bâtir une image positive des ONG. Car la vulnérabilité des institutions non-gouvernementales réside dans le fait que les errements d'une seule organisation rejaillissent sur l'ensemble de la communauté. Le code d'éthique est le creuset d'une vision concertée et commune du développement. Il systématise un ensemble de références identitaires en partie déjà vécues implicitement. Il est donc un instrument d'autorégulation.

Par son approche critique des questions de développement, sa non subordination par rapport à tous les types de pouvoirs: Partis politiques, État,

Religieux, etc. , sa démarcation à toutes les formes d'exclusion, la communauté des ONG est ainsi une conscience critique et un démembrement actif de la société civile. Un développement est impossible sans participation populaire. Cela a été réaffirmé clairement dans la Charte d'Arusha adoptée en 1990 par la communauté des ONG africaines. L'animation exige des règles établies d'un commun accord et consciemment.

Le contexte de mutations peut se résumer dans la mondialisation triomphante avec ses corollaires:

- l'ouverture des marchés internes et externes,
- l'élargissement du rôle du secteur privé,
- la réforme des législations du travail avec une plus grande flexibilité de l'emploi,
- l'ajustement social.

Les ONG ont désormais la vocation d'être des centres de vigilance vis-à-vis de l'État et de l'extérieur et mais aussi et surtout des centres de créativités pour proposer des alternatives pertinentes en vue d'un véritable développement.

Il est donc incitatif. Il vise au respect de l'engagement à servir les communautés de base et les causes se référant à la justice sociale, à l'équité, à la liberté et à la responsabilité. Il vise à ramener chaque membre à sa propre conscience. C'est une perspective solidaire. C'est une initiative de la communauté des ONG visant entre autre à gérer les risques d'errements de ses membres par le moyen de la persuasion, car la caution de la communauté est le repère moral le plus attendu. L'obligation de rendre compte des processus des actions, des moyens mobilisés et des bilans, qu'ils soient des échecs ou des réussites. Le fonctionnement en réseaux que nous allons maintenant analyser est un bon indicateur du terrain sur lequel se réalisera ce code d'éthique.

Les réseaux sont à la mode dans la communauté des ONG

Le concept de réseau est actuellement galvaudé. Il est naïvement invoqué dès lors qu'il s'agit de désigner des rapports mettant à contribution plusieurs personnes physiques ou morales. Plus souvent, le public l'utilise pour évoquer une complexité relationnelle, des connexions multiformes que les types d'organisations courantes ne recouvrent pas tout à fait.

Comme tout nouveau concept ayant fait son chemin dans un autre univers (network chez les Anglo-saxons) son usage est ambigu. On emploie le terme réseau pour faire référence à une fédération d'organisations, à des rapports de partenariat, à des relations informelles inter-personnelles et inter-structurelles, en bref à des complicités ou des rapports souterrains à des fins de lobbying, etc.

Or, le réseau désigne des types de connexions précises même s'il recouvre certains des aspects évoqués plus haut. L'analyse par les réseaux sociaux demeure un des domaines les plus exaltants de la sociologie de la vie quotidienne tout autant que les réseaux dans les cadres institutionnels préoccupent les analystes et pratiquants du développement. Par contre son entrée dans le domaine du management en Afrique francophone est particulièrement timide.

Plusieurs auteurs ont proposé des définitions tendant à présenter le réseau comme un instrument pour faire coaliser différents éléments, personnes physiques ou morales par leurs liens transversaux, formels ou informels, d'échange de ressources et de soutien matériel ou relationnel.

Victor Ibikunle-Johnson (1989) considère que «la participation des personnes ou institutions engagées dans des activités connexes, dans un souci partagé d'échanger des ressources, expertise, information, en vue de créer des liens horizontaux (entre les groupes) et verticaux (circulations de l'information) constitue ce qu'on appelle création de réseau. Il ajoute que la création de réseau en Afrique avait concerné dans un premier temps les administrateurs de programme de développement mais l'interaction qui en a résulté est demeurée «inerte» et qu'il est nécessaire de développer les réseaux à l'échelle des ONGs afin de créer des «approches convergentes et complémentaires dans le sens de la solution des problèmes, planification des programmes, exécution des projets, évaluation et autres activités connexes qui sont à la base d'une relation vivante».

Ce rapport dynamique correspond également à la vision préconisée par Paul Wangoola (1989) selon qui «Dans le cadre des activités d'ONG, on entend par réseau un processus par lequel les individus, les groupes et les organisations sont mis en contact de manière à faciliter l'échange d'idées et d'expériences entre eux, à renforcer les actions menées par les uns et par les autres, à leur permettre de se soutenir mutuellement, ainsi qu'à prendre des mesures conjointes, pour mobiliser et utiliser des ressources et les énergies latentes en vue d'un progrès social».

Il est important de relever que l'émergence de réseau résulte dans la plupart des cas des stratégies des acteurs tendant à satisfaire des besoins spécifiques face à des dysfonctionnements établis des institutions. Les réseaux se forment au sein, à leurs marges ou contre les institutions par l'activation des relations inter-personnelles et inter-structurelles. C'est pourquoi les analystes de réseaux s'accordent à considérer que la création de réseau relève d'un processus d'occupation ou de création d'espace libre.

Il nous faut donc examiner l'émergence de réseaux à un double niveau: d'abord la logique et le fonctionnement des organisations et institutions de tout genre, ensuite les stratégies adoptées ou vécues par les différents acteurs du développement. Évidemment la notion de stratégie est vue également sous un double angle comme une rationalité consciente et élaborée sciemment et une rationalité ou logique déduite de comportement, position, actualisation de statut et rôle.

Dans le cadre des ONGs, les réseaux sont le support des idées et innovations alternatives qui autrement auraient étouffé sous le poids des modèles référentiels dominants. Les réseaux sont des moyens circonstanciels plus ou moins permanents de communication et d'échanges autour de centres d'intérêt communs afin de pallier les rigidités et logiques réglementaires et normatives des organisations et institutions. Il est donc possible qu'ils prennent corps dans les institutions fédératives sous la forme de cercles de qualité, noyaux de convergence ou de complicité positive. Ils permettent alors de transgresser les barrières de toute nature au profit de liens transversaux qui s'établissent face aux nécessités d'une meilleure rationalité de l'œuvre de développement.

On désigne communément par organisation une entité formelle réunissant des personnes physiques ou morales autour d'objectifs affichés et collectivement acceptés et fonctionnant selon des règles, normes et valeurs librement consentis. Comme le note Rajesh Tandon (1989) «toute organisation suppose une unité de structure et de commandement. Lorsque différents partis qui partagent une vision et une idéologie communes veulent unir leurs forces en vue d'affronter les problèmes spécifiques communs, ils n'ont pas besoin de créer une organisation; ils peuvent garder leur caractère autonome tout en collaborant au sujet de questions d'intérêt commun. De tels liens et groupements à court ou à long terme peuvent constituer un réseau».

Comme on le voit donc tout réseau est fondé sur des relations transversales qui ne remettent en cause ni l'identité des organisations qui collaborent, ni l'autonomie de décision, encore moins les règles de fonctionnement. Le réseau ne connaît pas de hiérarchie autre que fonctionnelle contrairement aux organisations qui ont par essence un centre de commandement. Le rayon d'effet d'un réseau n'est pas limité spatialement, ces réseaux sont éclatés dans l'espace (Fall A. S. 1991). Quand ils sont institués, ils sont soutenus par une structure légère de coordination. Ce qui n'en fait pas une organisation car la seule règle non négociable est la souplesse du noyau de coordination qui n'a pas formellement de moyen de coercition. Un réseau existe pour des besoins spécifiques, il s'estompe ou change d'objet quand ce besoin est satisfait et n'a pas de chance de se reproduire. Il reste ainsi un espace d'échange mobilisant des ressources qui peuvent être sollicitées à d'autres fins.

À s'en tenir aux caractéristiques des réseaux, on peut entrevoir leur apport dans la problématique du développement institutionnel. En effet, l'activation de relations transversales est un atout dans la perspective de la valorisation des expériences et innovations des ONGs. Comme on le sait, au Sénégal, l'inexistence, jusqu'à une période récente, de véritables réseaux au sein des ONGs de développement a limité les formes de communication, confinant celles-ci à évoluer dans un espace restreint de rivalité ou d'ignorance les unes vis-à-vis des autres. Ce cloisonnement a entraîné une duplication, des chevauchements et surtout une absence de capitalisation de l'expérience, donc une perte considérable pour des communautés dont le niveau de développement demeure en deçà des attentes.

Chaque ONG ne peut pas prétendre devenir à elle seule une grande institution de par son rayonnement, les innovations tant institutionnelles que programmatiques, le capital matériel, financier et humain mobilisable, le crédit social affiché, toutes choses permettant de développer une vision macro économique du développement. C'est plutôt ensemble, par la médiation des réseaux constitués ou informels que la référence sur le terrain du développement s'acquiert. C'est ce pouvoir de référence, la durabilité et la pertinence des programmes mis en œuvre, le pouvoir infrastructurel et l'expertise entre autres qui font passer d'une organisation ou d'un ensemble à une institution de développement. Quand on évolue dans un environnement où un des problèmes centraux demeure la fragilité des institutions endogènes, le support des réseaux est indispensable pour établir des canaux de communication qui transcendent les limites des logiques de commandement et les normes tout en permettant le dialogue au-delà des frontières instituées afin d'aller vite, ensemble et pertinemment.

Les conditions d'émergence des réseaux sont variées. Le développement au ralenti des cadres fédératifs n'avait pas facilité, jusqu'à la fin des années 80, l'émergence de plusieurs réseaux à partir d'une dynamique propre aux ONG au Sénégal. Ce sont plutôt des circonstances particulières ou un vécu commun qui ont contribué à asseoir une collaboration entre différentes organisations ou institutions au plan transversal. Il est aussi courant que l'émergence de réseau ait été suscitée par un bailleur de fonds pour un certain nombre d'ONG. L'émergence de réseau est suscitée par un besoin de collaboration à la base (nationale) d'ONG internationales dans le cadre de leur stratégie concertée pour mobiliser les fonds d'un bailleur. Enfin, on peut relever le cas d'acteurs s'appuyant sur une ONG parapluie pour accéder à des ressources financières. C'est le cas d'ONG ou d'associations de capacité faible. Si les préoccupations d'accès à des financements demeure, elles ne sont pas cependant les seules motivations de telles connexions. En effet, les objectifs poursuivis peuvent être classés ainsi:

- accroître le pouvoir de négociation des ONG auprès de partenaires existants ou potentiels;
- coordonner sur un plan opérationnel les programmes pour une meilleure efficacité afin d'éviter les duplications et pertes et échanger l'information, l'expérience, et l'expertise;
- occuper ou créer un nouvel espace, ce que le mode de structuration ou les logiques institutionnelles d'une ONG ou de leurs partenaires ne permettaient pas de faire. Prendre en charge de nouvelles innovations qui sont en concurrence avec les modèles référentiels dominants;

- rationaliser la valorisation des ressources propres aux ONGs travaillant dans les domaines d'intervention similaires;
- s'inscrire en commun dans une vision d'ensemble de l'intervention par la collaboration dans la définition des politiques et sur d'autres questions stratégiques notamment sur les rapports ONG et gouvernement;
- contrôler une zone de pouvoir pour asseoir son hégémonie et concurrencer d'autres acteurs de développement.

Les deux premières générations d'ONG au Sénégal ont travaillé de façon relativement cloisonnée les unes des autres car chacune devait asseoir sa crédibilité par ses actions sur le terrain du développement où comme on le sait de grandes institutions étatiques étaient les maîtresses du jeu.

Organisées dans un consortium, les ONG s'étaient confinées dans des actions sectorielles. Quelques années plus tard les circonstances de bilan de leurs actions et surtout l'impact de celles-ci dans la capacitation des communautés de base font apparaître l'urgence d'une meilleure coordination et l'établissement d'autres formes de connexions. Ainsi la nécessité d'affirmation de la communauté des ONG devient plus nette du fait de la volonté de partage des responsabilités pour une intervention plus représentative, cohérente et plus qualitative. La compétition, du moins le sectarisme d'hier, cède progressivement la place à un sens de l'ouverture car à l'occasion des fora tant au niveau national qu'à l'étranger les unes et les autres découvrent les ressources de leurs pairs non sans se préoccuper des modalités de constitution d'autres canaux plus souples de collaboration. Cette prise de conscience de la nécessité d'asseoir un autre type de partenariat au sein des ONG elles-mêmes qu'avec d'autres institutions publiques et privées s'exprime par l'émergence de réseaux dans plusieurs domaines de spécialisation en matière de développement.

Actuellement, il existe des réseaux informels, non structurés autour d'un besoin spécifique avec deux éventualités: recours permanent ou circonstanciel aux ressources mobilisables. Ils côtoient d'autres acteurs partageant un cadre commun fédératif où se développent des cercles formels et informels de convergences autour d'intérêts spécifiques. Il y a également des réseaux constitués et institutionnalisés autour d'une structure de coordination souple couvrant une échelle géographique large ou une échelle nationale ou locale.

Par ces interactions, les acteurs de développement visent au plan opérationnel les objectifs suivants:

- échanger des informations et des ressources humaines;
- rechercher ensemble une vision et avoir l'initiative de l'orientation du développement;
- asseoir une spécialisation professionnelle;

- optimiser les ressources propres et externes;
- développer des liens avec d'autres institutions;
- renforcer les capacités de négociations auprès des bailleurs, des pouvoirs publics.

À ces objectifs sont attachés plusieurs types de services offerts par les réseaux. La tendance à institutionnaliser les réseaux ne se donne pas le plus souvent sous la forme de connexions programmatiques. L'appui mutuel en matière de communication, de formation et d'établissement d'un cadre juridique comme la préoccupation centrale en matière de crédit et épargne sont les services les plus constants. Au sein des consortia, une mutation est également observée du fait du recentrage de leur mission autour de préoccupations politiques touchant les orientations du développement. L'émergence des réseaux contribuera à une meilleure définition des fonctions spécifiques de chacune des organisations sur le chemin du développement.

En dépit des traditions de développement à vase clos où les seuls liens sont tissés en priorité avec les financeurs extérieurs ou les partenaires susceptibles de faire proposer des ressources, on note de plus en plus une option en faveur de connexions multiformes avec des personnes physiques et morales en vue d'une meilleure rationalité des actions de développement.

Il se dégage de nos observations que les réseaux naissent pour prendre en charge des dysfonctionnements au sein des institutions et organisations, et qu'ils participent des stratégies des acteurs individuels comme institutionnels d'activation de relations transversales, formelles et informelles, inter-personnelles et inter-structurelles. Les réseaux existent pour satisfaire des besoins spécifiques. Ils sont en cela les moyens «d'occupation ou de création d'espaces libres».

Les réseaux existants ont émergé à partir de besoins variés. À côté de ceux nés pour renforcer les capacités de négociation auprès des bailleurs ou des pouvoirs publics, il s'est développé d'autres dont le trait fédérateur relève d'une prise de conscience de la nécessaire solidarité et partage des savoirs, informations et expériences pour des processus de développement mieux pensés et durables. Des besoins opérationnels de rationalisation des ressources, de complémentarité des actions, de soutien mutuel sont aussi à l'origine de certains réseaux. Dans un contexte de sous-développement caractérisé par la fragilité des institutions, il est nécessaire que les réseaux qui se développent pour proposer des ressources capables de faciliter la gestion de ces manques s'institutionnalisent dépassant les simples échanges d'informations pour devenir des supports aux idées alternatives et aux innovations de toutes sortes.

Les atouts de l'intervention des ONG

Nous énumérons de façon résumée quelques aspects des atouts des ONG: Une approche par le bas et ciblée avec un avantage comparatif effectif notamment des budgets de fonctionnement bien raisonnables, des approches participatives qui impliquent les communautés concernées et valorisent les savoirs locaux, un travail de proximité réalisé de surcroît par un personnel réduit et engagé. L'État est méfiant et soupçonne les ONG d'occuper certains de ses guichets habituels et ses leaders sont tenus à l'écart des définitions des politiques nationales jusqu'au début des années 1996.

Le rôle de laboratoire social expérimentant des approches alternatives dans un contexte national de mimétisme et une approche du développement extravertie et conçue d'en haut.

Les innovations réussies à petites échelles micro- sociales mais souvent cloisonnées et peu connues des autres acteurs de développement.

Les structures d'ONG tentent de se professionnaliser, certaines deviennent des appareils forts, d'autres cherchent leur voie. La typologie des ONG s'enrichit de petites structures nationales spécialisées dans de nouveaux domaines considérés comme des nouveaux espaces libres du fait de la crise, du chômage des diplômés du supérieur.

Les limites de l'intervention des ONG

En privilégiant une démarche d'approche par le bas, empirique et de proximité, les ONG souffrent d'un manque de vision globale. Cela constitue une limite objective surtout dans ce contexte de mondialisation où une bonne appréhension des questions macro-économiques et une fine analyse géopolitique permettent une maîtrise des enjeux nationaux et supranationaux.

Les ONG ne disposent pas d'outil ni de connaissance systématisée pour mener de mains de maître des campagnes de lobbying. Cela influe négativement sur la valorisation des actions. Or les ONG revendiquent de plus en plus leur participation à la définition des politiques nationales. Comment passer de l'expérience de terrain à la contribution de la définition de ces politiques ? C'est là un domaine dans lequel, des collaborations sont à envisager avec des institutions intellectuelles.

Le manque de tradition d'étude d'impact fait que la capitalisation et la valorisation des expériences et leur poids réel dans le développement de nos pays sont assez faiblement connues. La connaissance des grilles et outils d'étude d'impact est faible; ce sont plutôt des évaluations ponctuelles qui sont menées.

Passer du niveau micro (où les ONG excellent) à un niveau plus global du fait du contexte de la mondialisation où l'échelle d'influence change et où les problématiques amènent de profondes mutations qui ont des influences certaines sur l'identité des ONG. Des débuts de réponses apparaissent sous forme de Code d'Éthique et de Déontologie ou de Code de Pratiques et Comportements.

Les besoins en ressources et en capacités institutionnelles et organisationnelles ont augmenté et ont généré des difficultés. Peu de bailleurs de fonds sont disposés à accompagner le renforcement des capacités des ONG. Ces ONG grandissent sans être à même de générer des ressources nécessaires à leurs activités et leur fonctionnement. La tentation est dès lors grande pour de plus en plus d'ONG à se positionner en agences d'exécution des programmes de proximité conçus par des organismes considérant les ONG comme les opérateurs les moins chers. Cette tendance est de nature à faire perdre aux ONG leur âme d'acteur citoyen, porteur de projet alternatif de développement participatif.

Conclusion

L'intervention des ONG est caractérisée par une approche par le bas et ciblée avec un avantage comparatif effectif notamment des budgets de fonctionnement bien raisonnables, des approches participatives qui impliquent les communautés concernées et valorisent les savoirs locaux, un travail de proximité réalisé de surcroît par un personnel réduit et engagé. L'État est méfiant et soupçonne les ONG d'occuper certains de ses guichets habituels; et ses leaders étaient tenus à l'écart des définitions des politiques nationales jusqu'au début des années 1996.

Les petits pas qualitatifs propres aux ONG et s'exprimant par leur rôle de laboratoire social expérimentant des approches alternatives pourraient révéler des limites dans une logique plus globale où le néolibéralisme est prédominant.

Les structures d'ONG tentent de se professionnaliser, certaines deviennent des appareils forts, d'autres cherchent leur voie. La typologie des ONG s'enrichit de petites structures nationales spécialisées dans de nouveaux domaines considérés comme des nouveaux espaces libres du fait de la crise, du chômage des diplômés du supérieur, etc. Tout ceci amène à se demander si la logique de services offerts à une clientèle pouvait aller de paire avec la demande de plus en plus ouverte des ONG pour leur implication dans des enjeux macro-économiques et des stratégies politiques de développement global ?

Références bibliographiques

APEC, 1992, «Étude sur le partenariat entre ONG et Association des Femmes africaines Face au Sida (SWAA)» 1992, *Rapport d'activités* 1990-1992, présenté par le Secrétaire Général, document mulgr.

ANAFA, 1992, *Étude d'expérience d'alphabétisation au Sénégal, Rapport de recherche par le Réseau Recherche/Formation*, 80 p.

Association des Femmes africaines face au Sida (SWAA), 1993, *Proposition de programme d'activités de la S.W.A.A.*, 14 p. multigr.

Ba, Cheikh Tidiane, 1992, La politique de population au Sénégal, communication au Séminaire des ONG du Sénégal sur les problèmes de population en Afrique organisé par l'Association sénégalaise de Recherche et d'Appui pour le Développement Communautaire (ASRADEC), Dakar, les 10 et 11 décembre 1992.

Berthomé Jacques, Mercoiret Marie-Rose, 1992, Situation et évolution des organisations paysannes et rurales. Le Sénégal, Réseau Groupements, Associations villageoises, Organisations paysannes, 82 p. Paris.

Bolaji Ogunseye (1997) «Le secteur bénévole et le développement durable en Afrique»: les Cellule inter-ONG de lutte Antiacridienne, 1989, Bilan des Activités de la Campagne de lutte Phytosanitaire 1989-1990, CONGAD, document multigr.

Centre Tricontinental (1998), *Les ONG: instruments du néo-libéralisme ou alternatives populaires?* L'Harmattan, 184 p.

Conseil des Organisations non-gouvernementales d'Appui au Développement, 1992, Rapport des ONG à la Conférence des Nations Unies sur l'Environnement et le Développement, document multigr.

Conseil international des ONG et associations ayant des actions contre le sida - section sénégalaise, 1992, Document de Présentation.

Daba Genet, 1995, Les ONG: des partenaires dans la mise en œuvre de la déclaration de Dakar/Ngor et du programme d'action de la conférence internationale sur la population et le développement, in: Atelier d'experts et des ONG sur la mise en œuvre de la Déclaration de Dakar/Ngor et du programme d'action de la CIPD, Commission Économique des Nations-Unies pour l'Afrique et l'Organisation de l'Unité africaine, Abidjan, juin 1995, p. 265-302.

Dag Hammarskjöld Foundation, 1992, L'État et la crise en Afrique: la recherche d'une seconde libération, Compte-rendu de la conférence de Mweya en Ouganda du 12 au 17 mai 1990, 36 p.

Delbrel Guy et Gueneau Marie-Christine, 1990, Évaluation de La Fédération des Associations du Fouta pour le développement (FAFD) par la Fondation de France, Paris, 107 p.

Journal de l'Association africaine pour l'Alphabétisation et la Formation des Adultes (AALAE), 4 (2):7-14.

«Échos du Forum des organisations volontaires africaines de développement» (FOVAD), 1992, N° 3 décembre 1992, Revue trimestrielle d'informations et d'analyses.

Fall Abdou Salam et Booth William 1996 «Étude sur le développement des réseaux dans la communauté des ONG», Rapport d'étude pour le Projet d'appui aux ONG de l'USAID, Dakar.

Fall Abdou Salam, 1991.- *Réseaux de sociabilité et insertion urbaine dans l'agglomération de Dakar*, Th.-Doct.-sociologie Faculté des Lettres et Sciences humaines de l'Université Cheikh Anta Diop de Dakar, 280 T: 1 et 420 p. T. 2.

Fédération des Organisations Non Gouvernementales du Sénégal (FONGS), 1993, Voies et moyens concertés pour la promotion socio-économique du paysan sénégalais dans un équilibre environnemental durable: Quel avenir pour le paysan sénégalais, Rapport introductif au Forum national, 18 au 21 janvier 1993, Ngor-Diarama, 22 p. multigr.

Fédération des Organisations Non Gouvernementales du Sénégal (FONGS), 1992, Les grandes étapes depuis l'assemblée générale et les perspectives au-delà du Programme triennal 92/94, 9 p. multigr.

Fédération des Organisations Non Gouvernementales du Sénégal (FONGS), 1993, Document de Présentation de la FONGS au Forum national du 18 au 21 janvier 1993, Ngor-Diarama, 15 p. multigr.

Gropaad 1993.Code des Pratiques des ONG africaines.

Groupe pour l'Étude et l'Enseignement de la Population (GEEP), 1992, Pour la promotion de l'I.E.C en planification familiale, programme d'appui aux activités du GEEP, Programme Biennal 1992 - 1994, Université Cheikh Anta Diop, École Normale Supérieure, document multigr. pagination multiple.

Hong Kwan Kai, (sous la dir. de), 1991, Jeux et enjeux de l'auto promotion. Vers d'autres formes de coopération au développement, Presses Universitaires de France, Cahiers de l'IUED Genève, 204 p.

Ibikunle-Johnson Victor, 1989, Modèles opérationnels des réseaux, in Journal de ALAAE, Nairobi.

International Group of Grassroots Initiatives, 1991, Rapport préliminaire de la réunion tenue à Valamo et Helsinki (Finlande) et à Tallin (Estonie), document multigr.

International Group on Grassroots Initiatives, 1986, What is IGGRI? document multigr.

Kassé El Hadj, 1992, Le CONGAD: Un Consortium pour quoi? Multigraph.

Kouassigan Sylvie et Fall Abib, 1988, Répertoire des organisations non gouvernementales agréées au Sénégal, Ministère du Développement Social, direction du développement communautaire, Programme des Nations Unies pour le Développement (PNUD), 89 p.

OCEDE/CAD 1997, Etude synthétique des évaluations ONG: Méthodologie et impact des actions. Rapport sur une étude d'évaluation, Ministère des Affaires Étrangères de Finlande.

Programme des Nations Unies pour le Développement, «Nouvelles», *Bulletin du Réseau Afrique 2000*, 1 (1).

Sène El Hadj, 1992, Les organisations paysannes dans le Delta du fleuve Sénégal, communication au Séminaire sur le Développement de l'irrigation communautaire et privée après le désengagement de l'État en Afrique de l'Ouest, Saint-Louis, du 13 au 17 avril,

SPORE/CTA, «À qui appartient la société civile?» N° 79, février 1999, 16 p.

«Sociétés Contemporaines», 1991, *Réseaux Sociaux*, N° 5 Spécial, mars 1991, l'Harmattan, 174 p.

Tandon Rajesh, 1989, Les réseaux en tant qu'instruments, in: «Journal de l'Association africaine pour l'Alphabétisation et la Formation des Adultes», 4 (2):1-6.

Wangoola Paul, 1989, «Les Réseaux d'AALAE: Quelques questions deux ans après», in: *Journal de l'Association africaine pour l'Alphabétisation et la Formation des Adultes (AALAE)* 4 (2): 39-43.

4

Le leadership paysan en basse casamance

Cheikh Oumar Ba

Introduction

En instituant en 1984 la Nouvelle politique agricole (NPA), l'État sénégalais
confirme sa volonté de se désengager de certains secteurs du développement
rural. En Casamance, cette volonté s'est traduite par l'arrêt des activités du
Projet intégré de développement agricole de la Casamance (PIDAC) qui
assurait l'essentiel des aménagements hydro-agricoles et facilitait l'organisation
des paysans en groupements.

La réduction, l'arrêt, dans certains cas de l'intervention l'État dans le cadre
de la vulgarisation agricole et de l'octroie de l'intrant (engrais, matériel,
semences), a été accompagnée de la mise en place des dispositions favorisant
une plus grande responsabilisation des paysans qui ont désormais la possibilité
de développer des initiatives privées. Pour combler le vide créé par le
désengagement de l'État et saisir l'occasion que leur offre la mise sur pied de
la loi sur la création des Groupements d'intérêt économique (GIE), de
nombreuses associations voient le jour.

Cependant, la diversité des acteurs intervenant dans un même espace,
dans un même «territoire», pose non seulement le problème de l'efficacité de
leurs actions mais aussi celui des motivations des uns et des autres. Celles-ci
sont-elles sous-tendues par la volonté de servir (ou de se servir de) sa
communauté? Or, la compréhension des enjeux qui structurent le leadership
paysan passe par l'intelligibilité du processus qui aboutit à l'adhésion dans une
organisation paysanne (OP). Pour expliquer le foisonnement organisationnel,
observé en Basse Casamance, il importe d'établir la carte d'identité des
principaux leaders associatifs paysans. Qui sont-ils? Comment sont-ils parvenus au centre du phénomène organisationnel? Les actions des différentes
associations concourent-elles à la réalisation des mêmes objectifs? Les

groupements qui se déploient dans l'espace associatif villageois se concurrencent-ils entre eux, leurs objectifs se chevauchent-ils, sont-ils conscients de la nécessité de se concerter et de travailler ensemble?

Sur le plan méthodologique, il faut préciser que les enquêtes ont été conduites en 1996 dans le cadre de notre Mémoire de confirmation à l'ISRA (Ziguinchor). L'étude qui vise à décrire et comprendre la diversité des OP et de leurs promoteurs a été menée tant au niveau villageois qu'à l'échelle régionale. Pour la détermination de l'importance de la dynamique associative à une échelle villageoise, le village de Suel a été choisi comme exemple. Il est le théâtre où se confrontent une multitude d'organisations paysannes. À l'échelle régionale, une analyse descriptive a été faite pour caractériser les principales organisations paysannes de la Basse Casamance. Pour compléter les indications factuelles (obtenues par questionnaires), une observation participante a été conduite pour mieux cerner la réalité du phénomène organisationnel. Enfin, un guide d'entretien semi-directif a été conduit auprès des leaders paysans, notamment les membres de bureau, des principales organisations paysannes de la région. Il s'agit de déterminer l'âge, le niveau scolaire, le nombre de membres, leur passé migratoire, les motifs de leur retour, leur degré d'implication dans le mouvement paysan, l'ancienneté, les raisons de leur militantisme.

Dynamiques associatives et organisationnelles diola

L'organisation sociale *diola* revêt plusieurs caractéristiques. Le village est plutôt caractérisé d'aires domestiques juxtaposées que d'une continuité spatiale. Il est constitué d'une fédération de quartiers pouvant être distants de plusieurs kilomètres. La famille *diola* est très attachée à son quartier et davantage à son sous-quartier. Pour une meilleure lisibilité ethnologique, il est possible de subdiviser l'ethnie diola, à la suite du rapport HARZA (1984), en deux grands groupes:

- le groupe habitant le centre et le sud du fleuve est caractérisé par un individualisme très poussé et par l'autonomie des ménages[1]. C'est dans cette zone que l'on retrouve les groupes diola ayant connu le moins d'influence, donc ayant gardé l'essentiel de ses traits originels;
- le groupe situé au nord du fleuve (dit "*mandinguisé*"[2]) dont la principale spécificité reste la forte hiérarchisation sociale. Ici la division sexuelle du travail est plus nette[3]: les hommes s'occupent des terres du plateau et les femmes exploitent les rizières. De plus, les aînés ou *anifanaaw* contrôlent la production dont ils sont les gestionnaires. Ce groupe concerne les *diola* du Fogny et les *diola* Kalounayes.

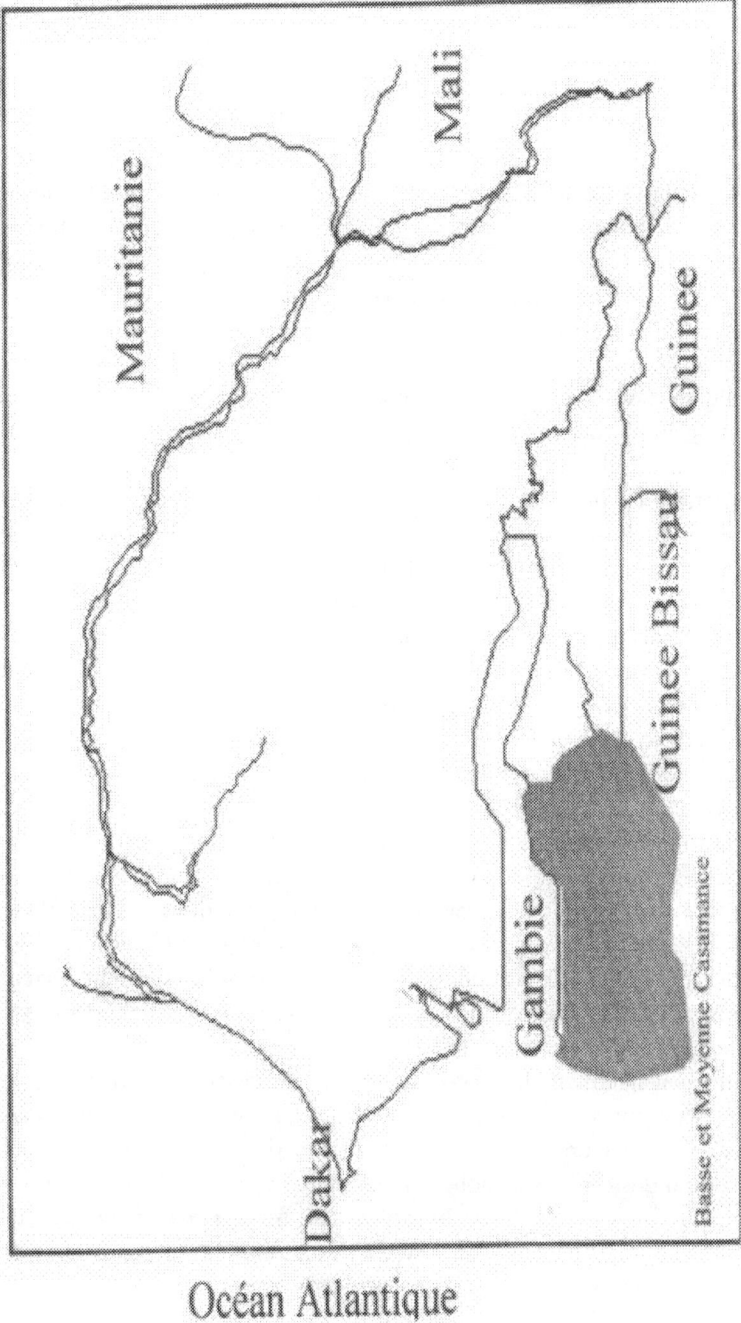

Carte 4.1: Situation de la Basse et Moyenne Casamance

ISRA-Djibélor, 1996

Les systèmes différentiels donnent à observer en milieu diola originel un individualisme poussé, tandis qu'en milieu *diola* mandinguisé, l'organisation sociale est de type communautaire. Cependant, cette schématisation cache d'énormes différences[4] entre les différents groupes *diola* à l'intérieur des sous-groupes même.

Globalement, l'organisation traditionnelle *diola* reposait sur une structuration relativement souple s'inspirant des principes fondateurs de la société elle-même[5].

Sur le plan social, la circoncision est la principale organisation traditionnelle en Basse Casamance. Elle permet aux personnes âgées de transmettre des règles morales régissant la vie de la communauté villageoise.

D'autres formes d'organisation secondaire existent: il s'agit de l'excision des jeunes filles et l'organisation de la lutte traditionnelle.

Sur le plan économique, les organisations correspondent à une division sexuelle du travail (sexes et classes d'âge), aux associations de coopération et aux associations de travail ou *Ekafay*. Ces classes d'âge disposent chacune d'un champ collectif dont les récoltes servent à alimenter la caisse de l'association, en plus des cotisations. Au départ, les *Ekafay* constituaient le baromètre de la solidarité paysanne, le symbole des valeurs unifiantes. Ses membres assuraient l'entraide à l'échelle du quartier. Ils aidaient des personnes malades, des veuves. En contrepartie, ceux-ci reversaient une modique contribution, souvent, en nature (mil). Mais aujourd'hui, ces structurations évoluent vers des formes plus proches de prestations de service qui sont souvent rémunérées. Avec l'absence des actifs gagnés par la migration, les *Ekafay* se constituent en de véritables mains-d'œuvre rémunérées.

D'autres formes de coopération existent également entre des groupes de producteurs exerçant le même travail et souvent dans le même quartier et des associations féminines de quartier ou *Furemban*. Celles-ci concernent les groupements des femmes qui font des prestations de service sous forme d'entraide ou d'assistance en cas de maladie de l'une des associées. Pour leur part, les hommes sont organisés en associations appelées *Eyantukay*. Ces deux groupements, qui ont les mêmes objectifs, disposent souvent chacun de champs collectifs et les revenus qui y sont tirés servent à financer des infrastructures et/ou des cérémonies.

Le désengagement de l'État des filières de distribution d'intrants et de commercialisation et la dégradation des conditions agro-climatiques, avec son cortège de salinisation et d'acidification des rizières, ont conduit à la réactivation des chaînes de solidarité en milieu rural. En dépit de l'apparente anarchie qui caractérise l'organisation *diola* à travers la forte tendance à l'individualisme, il existe tout un système de mobilisation sociale. Trois récentes études (Ba, Carvalho 1998) ont montré que le tissu associatif de la Basse

Casamance, à travers les études de cas du Blouf, des Kalounayes et du royaume d'Afilédio, est à quelques différences près caractérisé par un individualisme des membres qui se dépeint jusqu'au quartier, sous-quartier et groupes lignagers. Parallèlement à ces groupements à caractère individualiste, se construisent des réseaux de solidarité sur la base de l'adhésion des «individus collectivisants» pour la défense des intérêts collectifs.

L'apparition des congrès annuels (fin des années 1960) et des journées économiques et sociales (années 1980) traduit la volonté des populations, notamment sous l'impulsion des migrants, de formaliser des cadres de concertation pour mieux les adapter au nouveau contexte socio-politique et écologique de la région. Ces instances de concertations populaires contribuent à la définition des grands axes d'orientation en matière de développement social et économique du village. À côté de ces instances, on note l'existence dans chaque village d'une association villageoise, d'une association spécialisée en sport (ASC) ou pour l'entraide (survivance des *Ekafay*) et de plus en plus des groupements pour le développement qui sont constitués à majorité de femmes.

Organisations paysannes et leadership paysan en Basse Casamance
Deux types d'organisations paysannes peuvent être repérés à l'échelle de la Basse Casamance. D'une part, il existe des associations qui correspondent à un «pays» historique c'est-à-dire qui ont une base territoriale continue (Jimmuten ou Entente de Tendouck, Entente de Diouloulou, Yamakeuye, CADEF) d'autre part, il y a des fédérations de groupements dispersés dans les départements comme AMICAR et Union des groupements GOPEC.

Dans cette partie, il s'agit de passer en revue les principales caractéristiques des OP de la Basse Casamance. La description consistera en la présentation d'une OP par département. Pour chaque OP, nous tenterons de rappeler les conditions de son émergence, les objectifs qu'elle s'est assignés, les activités qu'elle conduit et les caractéristiques des différents membres.

Les principales OP de la basse casamance

Les principales OP se situent dans le département de Bignona. Trois raisons semblent justifier ce fait. La première est liée au type d'organisation sociale existant. L'individualisme caractéristique de l'organisation sociale diola est ici plus nuancée en raison de l'influence mandingue qui semble favoriser plutôt les actions communautaires contrairement aux zones sud et centre. Dans celles-ci où l'égalitarisme domine, le système exclut de fait[6] l'existence de chef.

La deuxième découle de la situation politique de la région caractérisée, depuis 1982, par le conflit casamançais. La pacification de l'aile Nord dirigée par Kamougué Diatta, à partir de 1991, s'est accompagnée par la mise en place par l'État, avec l'appui des bailleurs, des structures pour appuyer le financement de certains groupements constitués de combattants «repentis» pour faciliter leur réinsertion socio-professionnelle. Ainsi, de nombreux projets avicoles ont vu le jour dans la zone de Kabiline.

La troisième raison tient à la démographie. Le département de Bignona est le plus peuplé de la région de Ziguinchor. En effet, il compte 185 617[1] habitants contre 36 047 habitants pour le département d'Oussouye.

La distribution organisationnelle entre les trois départements est très inégalement répartie avec plus d'une dizaine d'OP pour le seul département de Bignona, tandis que ceux de Ziguinchor et d'Oussouye réunis ne dépassent pas 5 OP. Pourtant, les premières OP dans la région ont été créées en 1973 et 1974, respectivement dans les départements d'Oussouye et de Ziguinchor.

Concernant les secteurs d'activités couverts par les OP, il faut noter que toutes font l'agriculture, le commerce et la formation. Certaines s'intéressent de manière plus spécifique à l'épargne, à l'élevage, à l'artisanat, à la santé et au tourisme. Pour exemple, certains groupements membres de l'AJAEDO parviennent à financer leurs activités de formation à partir des bénéfices tirés de la gestion du campement touristique. De manière générale, les OP participent au financement et à l'équipement des projets, à la formation d'animateurs chargés d'assister au quotidien les groupements membres, au suivi et à l'évaluation des actions en cours.

Cependant, il faut préciser que «les principales activités agricoles développées par les OP sont marginales par rapport au système de production (par exemple, le maraîchage, arboriculture fruitière, élevage intensif, etc.). Elles contribuent plus au renforcement de la cohésion du groupe qu'à l'amélioration des revenus et/ou de l'alimentation des ménages» (CRA de Djibélor 1992:23).

Département d'Oussouye

La principale Organisation Paysanne dans le département est l'Organisation des jeunes agriculteurs et éleveurs du Département d'Oussouye (AJAEDO). Créée en 1980, l'OP est officiellement reconnue en 1983. Elle encadre 18 groupements qui sont localisés dans 7 villages, répartis dans les sous-préfectures de Loudia Wolof et de Cabrousse. Elle compte 83 adhérents dont 30 filles et 53 hommes.

Les objectifs que s'est assigné l'OP sont:

*   le combat contre l'exode rural,
*   l'amélioration des conditions de vie en milieu rural,
*   l'autosuffisance alimentaire.

Les principales activités de l'OP tournent autour du maraîchage, de la multiplication de semences, d'élevage avicole et porcin. Outre la mise en place d'essais variétaux pour le criblage de cultivars de riz et de maïs pour les groupements d'Oussouye et de Mlomp, l'OP s'emploie à la formation de paysans multiplicateurs de riz et de maïs et à la formation et au suivi pour la production semencière et maraîchère pendant l'hivernage.

De manière générale, l'AJAEDO à l'instar des autres OP, s'investit dans le cadre de la recherche de financement pour l'équipement des groupements de producteurs, la formation des animateurs, l'assistance technique des paysans, le suivi-évaluation des projets qu'ils ont aidés souvent à définir et dont ils accompagnent l'exécution.

Cependant, compte tenu de la modicité de leurs moyens et de la situation politique qui prévaut dans la zone, les animateurs ont des difficultés à se déplacer sur l'ensemble de leur zone d'intervention. Ce qui entraîne un déficit de communication entre la base et le bureau de l'OP souvent sans moyens conséquents et contraint ainsi de limiter leurs actions à un nombre restreint de groupements membres.

Département de Ziguinchor

Au niveau départemental, l'Association jeunesse agricole de Casamance ou AJAC constitue la principale organisation paysanne. Elle est une organisation à but non lucratif. Elle est créée en 1974 à Faoune (Sédhiou) par 11 leaders de groupements de la région de Casamance (correspondant à l'époque aux régions de Ziguinchor et de Kolda).
L'AJAC s'est fixé pour objectifs de:

* promouvoir l'auto-promotion paysanne;
* lutter contre l'exode rural;
* d'améliorer les con ditions de vie des paysans;
* renforcer la solidarité paysanne tant entre les groupements membres qu'entre les paysans sénégalais en général.

En 1988, elle a connu une profonde crise qui a abouti à la scission. Ainsi, chaque région, Ziguinchor et Kolda, s'est dotée de sa propre organisation.

Au niveau de l'AJAC-Ziguinchor, l'OP polarise 120 groupements et regroupe 7 764 membres dont 5 340 femmes et 2 424 hommes. L'AJAC joue le rôle de cadre de concertation entre les membres des différentes unions, elle a une direction collégiale.

Elle ne mène plus d'activités économiques mais constitue l'organe de suivi des GIE. Elle assure la formation des formateurs au niveau des GIE et joue le rôle de renforcement de la solidarité entre les unions qui conservent chacune son autonomie. Elle négocie elle-même ses propres financements et ne saisit la structure-mère qu'à titre indicatif. Chaque leader doit d'abord assurer des responsabilités dans son union. Il faut être investi à la base pour espérer parvenir au sommet.

Aujourd'hui, l'AJAC-Ziguinchor regroupe six unions qui correspondent à six GIE. Elles sont divisées sur le plan départemental en quatre unions dans le département de Bignona et deux unions dans celui de Ziguinchor. Ces dernières concernent les unions APRAN et LUKAAL. Tous les groupements au sein d'un arrondissement constituent une union qui porte le même nom.

Union APRAN

Créée en 1986, l'union APRAN est reconnue le 9 novembre 1987. Elle encadre 25 groupements et concerne 13 villages. Elle compte 960 adhérents dont 758 femmes et 202 hommes.

L'union APRAN se fixe plusieurs objectifs:

- freiner l'exode rural,
- assurer l'autosuffisance alimentaire,
- développer la solidarité entre les groupements qui la composent,
- créer une dynamique auto-développement basée sur la participation.

Outre les problèmes d'ordre institutionnel, les principales contraintes que rencontre l'union sont:

- les problèmes de terres (non-affectation des terres aux groupements),
- les problèmes de maladies et d'insectes,
- les problèmes d'écoulement des produits.

Union LUKAAL

L'Union est créée en 1985 et a été officiellement reconnue deux ans plus tard. Elle encadre 19 groupements et compte 1379 adhérents dont 965 femmes. Ses principaux objectifs sont:

- freiner l'exode rural,
- promouvoir l'auto-romotion paysanne,

Département de Bignona[8]

Le département de Bignona est divisé en quatre arrondissements (Diouloulou, Tendouck, Tenghory et Sindian). Ces différents arrondissements épousent les contours d'une différenciation culturelle et sociale.

Ainsi:

- l'arrondissement de Diouloulou correspond à l'aire d'habitation du groupe de Fogny-Kombo, du Karone et du Narang;
- L'arrondissement de Tendouck couvre le Boulouf;
- L'arrondissement de Tenghory correspond aux Kalounayes;
- L'arrondissement de Sindian regroupe le Fogny.

La plupart des associations existant dans le département de Bignona ont décidé de s'organiser au sein de la Coordination des Organisations rrales du Département de Bignona (CORD). Créée en mars 1988, cette structure regroupe 9 associations du département de Bignona[9]: l'Association des Jeunes agriculteurs de la Casamance (AJAC), le Comité d'Action pour le

Développement du Fogny (CADEF), l'Entente de Diouloulou, l'Entente de Tendouck (*JIMUUTEN*), l'Union des groupements GOPEC, le Comité d'Action pour le Développement de la ville de Bignona (CADEV), l'Association pour le Développement de Yamakeuye (ADY), la Fédération Départementale des Groupements pour la Promotion féminine (FDGPF), AMICAR. Aujourd'hui, de nombreuses associations souhaitent être membres de CORD. La coordination étudie de nombreux dossiers d'adhésion.

Le premier objectif de CORD est de constituer un lieu de rencontre, de concertation et d'échange entre les différents membres « qui y acquièrent progressivement une conscience collective des enjeux et de leurs intérêts professionnels. Cette volonté commune s'exprime dans les projets tels que l'information (un journal rural), la création de services communs (atelier central de mécanique géré par un GIE), l'organisation de la commercialisation des fruits et légumes du département … ». Avec la création en 1991-92 de la Maison du Paysan à Bignona, CORD se positionne désormais comme un partenaire incontournable pour tout intervenant en matière de développement agricole dans le département.

Aujourd'hui, avec du recul on s'aperçoit que CORD a réussi à éviter beaucoup de conflits inter-OP. Depuis 1994, la coordination des OP est parvenue à imposer à ses membres de ne laisser adhérer en son sein aucun groupement qui quitte une OP pour une autre. Elle a conditionné l'acceptation par l'autorisation préalable de l'OP d'origine. Il faut rappeler que la plupart des conflits entre OP avaient pour origine la récupération par une OP d'un groupement dissident. Cependant, CORD connaît de plus en plus de problèmes liés à l'absence de renouvellement de son bureau depuis sa création. Les responsables de la coordination donnent rendez-vous pour le premier trimestre de 1999.

Cette caractérisation des principales OP de la Basse Casamance permet de noter d'une part que la période charnière de l'émergence des OP en Basse Casamance se situe entre 1983 et 1992 avec plus de 50% d'OP qui ont obtenu leur reconnaissance officielle en 1986 (nos propres sources), d'autre part, elle donne à observer que l'émergence des organisations dites modernes en Basse Casamance découle souvent de la volonté de freiner l'exode rural et du souci de renforcer la solidarité paysanne.

De plus, on peut classer selon l'origine les OP de la région suivant deux critères: des OP créées par la mouvance étatique ou ses démembrements (coopératives, comités villageois) et celles qui découlent d'initiatives privées (initiatives locales, élites, action des ONG...). Il est à souligner que l'essentiel des OP en Basse Casamance ont des relations plus ou moins étroites avec l'extérieur, entendu ici comme tout acteur qui ne se confond pas avec le résident. Ces trois formes de structurations associatives correspondent aux

ONG, à l'État et aux migrants. Les OP entrant dans la première catégorie sont celles qui ont été suscitées essentiellement par des ONG intervenant dans la zone. Les groupements issus des centres de formation d'Oussouye et du CARA d'Affignam se structurent au sein de l'AJAEDO pour le premier département et dans le cadre de AMICAR pour ce qui est des groupements du département de Bignona ayant obtenu leur formation à partir du centre du CARA d'Affignam.

À côté de cette première structuration, on note l'émergence ou le renforcement de certaines associations. La Fédération départementale des Groupements pour la Promotion féminine (FDGPF) est créée par l'État et actuellement placée sous la tutelle du ministère de la Famille, de l'Action sociale et de la Solidarité nationale. Aujourd'hui, elle est traversée par les querelles de tendances[10] politiques que connaît le Parti socialiste dans la région. Les conflits entre les deux tendances ont abouti à la formation de deux groupements[11] soutenant chacune avoir la confiance des femmes du département de Bignona.

De plus, la création des OP est doublement liée à la migration: soit l'OP a été initiée par les ressortissants, soit l'objectif principal qu'elle s'est assigné est de freiner l'exode. La création du CADEF en 1983 procède de cette dynamique. Le désengagement de l'État avec son lot de chômeurs nés des privatisations du secteur public a été l'occasion pour certains fonctionnaires de se constituer en OP. Certains membres de l'ADY sont par exemple d'anciens fonctionnaires.

À la lumière de ces considérations générales, il importe de passer en revue les principales caractéristiques des leaders interrogés. Aussi, il est intéressant de voir, au travers de quelques-uns de nos résultats, la corrélation entre l'émergence des principales OP de la région et la dynamique migratoire des années 1980. Mais qui sont ces leaders paysans ? Comment sont-ils venus dans l'arène organisationnelle?

Leadership paysan

Par leadership paysan, il faut comprendre deux réalités différentes. La première acception renvoie à tout homme ou femme qui parvient à s'imposer comme leaders sans qu'eux-mêmes ne soient forcément des paysans. Le second correspond au paysan, qui a réussi à devenir leader à l'issue d'un long processus interne aux réalités paysannes.

Sur la base des entretiens conduits auprès des responsables de 12 organisations paysannes de la Basse Casamance, nous avons repéré les caractéristiques suivantes sur l'identité et les motivations des leaders. L'âge moyen des responsables de bureau interrogés est de 41 ans avec l'âge minimum de 18 ans et l'âge maximum de 64 ans. Le fait que l'âge moyen des membres de bureau soit relativement élevé s'explique par l'occupation du paysage organisationnel de la Basse Casamance par la première génération[12] des migrants rentrés dans la région au milieu des années 1980. À l'origine, le peu de renouvellement des membres de bureau de la plupart des OP. Du coup, les jeunes de moins de 30 ans qui sont récemment rentrés (voir tableau n°1: période de retour des migrants devenus leaders, en annexe) ont parfois des difficultés pour accéder aux postes de responsabilité.

Sur 80 leaders anciens migrants dont nous disposons de l'année de retour, la période pendant laquelle on a enregistré le plus de retour se situe entre 1985 et 1990. Celle-ci correspond à la période d'émergence de la plupart des OP de la Basse Casamance. On note, en effet, une véritable concomitance entre les retours des migrants et l'adhésion dans les principales OP de la région. Plus précisément, l'année 1986 a été celle où il y a eu le plus de retour; 11 leaders associatifs affirment être rentrés au terroir la même année (voir tableau n°2: périodes d'adhésion des leaders d'OP).

La période 1985-1989 a enregistré le plus d'adhésion (42,8%) dans les OP. Or, de 1990 à 1994, on a noté que la moitié. Est-ce à dire qu'il y a saturation des postes de responsabilité à pourvoir dans les organisations? L'année 1986, en même temps qu'elle correspond à l'année où il y a eu le plus de retour, est également celle pendant laquelle les OP ont accueilli le plus de leaders paysans. La durée entre le retour d'un migrant et son adhésion dans une OP ne dépasse pas souvent un an. En effet, pour certains, l'adhésion est déjà préparée avant le retour.

Outre ces caractéristiques générales, nous avons identifié deux types de leaders paysans. Ceux qui sont arrivés dans le mouvement parce que confrontés au chômage et trouvant là un créneau professionnel porteur et ceux qui ont un riche passé militant. Pour le premier type, le militantisme dans une Organisation paysanne constitue un exutoire excellent pour une insertion professionnelle. En proie à un chômage[13] dont les proportions vont crescendo, certains jeunes trouvent dans le mouvement paysan une chance pour pouvoir mettre, enfin, leur savoir-faire au service de leur communauté d'origine. La plupart des migrants aujourd'hui devenus leaders associatifs font partie de ce groupe.

> Quand mon groupement a décidé de regagner l'entente de Diouloulou, les ressortissants de mon village à Dakar m'ont demandé si j'accepte de rentrer pour représenter notre village dans cette OP. J'ai accepté sans problème d'autant plus qu'il s'agit d'une confiance que mes co-villageois ont placée en moi. De plus, cela correspond à une période où j'étais au chômage. M.S.

Dans le second cas, l'adhésion dans une OP s'inscrit en accord avec un projet de société sans cesse poursuivi. Dans ce groupe, on retrouve souvent des leaders qui estiment que l'associatif pour l'associatif ne peut garantir un développement durable. Du coup, ils envisagent l'adhésion dans le mouvement associatif paysan comme une entrée devant nécessairement intégrer le militantisme politique pour atteindre l'émancipation de la paysannerie. Cette conception semble être très développée, notamment à travers l'exemple du village de Suel où plusieurs OP se livrent à une querelle visant la récupération du maximum de groupements possibles. Le conflit le plus ouvert concerne les deux « géants » de l'espace villageois: le CADEF et l'ADY. Les groupements membres de ces deux OP parviennent, dans certains cas, à transposer leur conflit sur le champ politique, faisant le bonheur ou le malheur du PS ou du PDS et récemment entre le PS et AJ/PADS.

Pour illustrer ces différents cas, l'exemple du village de Suel a été choisi.

Suel, un espace de cristallisation des conflits inter-OP

Situé dans le Fogny occidental, le village de Suel serait créé au 19e siècle par la famille Diémé qui aurait hébergé celle des Bodian de Moulomp. Aujourd'hui, sept quartiers se partagent l'espace villageois. Les limites des différents quartiers sont constituées par de grands espaces appelés champs de case où on cultive du mil. Chaque quartier regroupe au moins un lignage. On en compte 17 (voir annexe, liste des lignages) dont chacun a à sa tête un chef qui dirige les événements, tranche en cas de conflits internes. Chaque lignage a son fétiche et son chef de culte. Au niveau du quartier, ils ont en commun un bois sacré, un chef de culte, des associations, une mosquée et un sage. Dans les quartiers (voir tableau n°3: répartition de la population par quartier) où cohabitent plusieurs lignages, les représentants de chaque lignage forment le conseil des anciens. C'est au sein de ce groupe que le chef est choisi parmi les plus représentatifs.

Sur la base de notre recensement, le village est essentiellement habité par l'ethnie *diola* qui regroupe 1207 personnes, soit 98,6 % de la population totale. L'ethnie *mandingue* n'en compte que 7 personnes, soit 0,6%. Le seul *Peul* du village est le berger qui s'occupe du troupeau. Deux cas d'enfants nés à Dakar de père étranger (Togolais et Burkinabé) existent et sont confiés à leurs grands-parents pour permettre à leurs mères de retourner en migration.

Sur le plan religieux, chaque quartier dispose d'une petite mosquée. Celle de Moulomp sert également de grande mosquée pour les prières de vendredi et l'organisation du *Gamou* (fête religieuse) qui réunit tous les habitants du village sans considération d'appartenance à un quartier.

Si le sentiment d'appartenir à un même village semble être partagé, chaque quartier n'en continue pas moins de garder jalousement son indépendance dans la reconnaissance de l'autorité d'un seul chef de village qui sert de trait d'union entre les différents chefs de quartier d'une part, et, entre ceux-ci et les autorités administratives d'autre part. La cohabitation ne se fait pas toujours sans conflits. Ceux-ci découlent soient des survivances des problèmes antérieurs, soient sont le résultat des manipulations électoralistes ou, depuis ces dernières années, l'émanation de tiraillements à des fins de leadership associatif.

De la migration à la dynamique organisationnelle

L'enquête conduite dans le village de Suel a permis d'identifier 137 exploitations agricoles qui regroupent une population totale de 1 224 personnes. On compte 590 migrants (48%), c'est-à-dire des personnes qui disent avoir quitté le village au moins une fois dans leur vie, pour une durée égale à trois mois. Parmi les migrants, 369 soit 30,1% ont migré à l'intérieur du Sénégal et 219 migrants soit 17,8% sont allés au-delà des frontières nationales[14]. Ainsi, 634 personnes soit 51,7% n'ont jamais migré. Mais, si on considère seulement les populations dont l'âge est supérieur à 10 ans, le nombre des personnes n'ayant jamais migré n'est que de 363 soit 39,6%.

De manière générale, sur les 590 personnes ayant au moins migré une fois, on dénombre 430 cas d'absence dont l'âge moyen est de 25,5 ans. Sur les 430 migrants absents du village au moment de l'enquête, 241 soit 56% sont des hommes.

Sur les 160 migrants aujourd'hui présents au niveau du village, nous en avons interrogé 140 (qui constituent notre base d'analyse) que nous considérons comme des migrants de retour[15]. Il faut entendre par migrant de retour toute personne ayant effectué au moins une migration et qui se trouvait au village au moment de l'enquête. S'il n'est pas aisé de présager du caractère définitif de ces retours, il est possible de penser au regard de l'âge moyen de ces migrants, 51 ans, que seul un nombre limité d'entre eux pourraient encore s'inscrire dans la dynamique de migration-circulation.

Sur la base des 140 migrants aujourd'hui se trouvant au village, 52 soit 37,1% sont des femmes. Parmi celles-ci, 37 soit 71% exerçaient l'activité d'employée de maison ou bonne pour 8% d'homme travaillant comme boy (domestique).

Sur les raisons de retour, 41 migrants invoquent le chômage (sans emploi) dont 24 affirment avoir perdu leur travail, tandis que 17 migrants disent « être fatigués » d'en chercher en vain. Après le motif lié au chômage et celui en relation avec les vacances, le principal motif de retour est le mariage, notamment pour les femmes (cas de 24 migrants). Ces dernières arrêtent souvent, tout au moins diminuent, leur va-et-vient après le mariage. Plus de 15% des femmes rentrées occupent des postes de responsabilité dans les groupements villageois tandis que pour les hommes ce taux atteint 66,7%. Cependant, les femmes n'accèdent pas encore à des postes de responsabilités traditionnellement réservés aux hommes comme, par exemple, celui de chef de quartier.

À l'échelle du village, la dynamique organisationnelle est encore plus forte. Cependant, si à l'étranger les migrants combinent leurs efforts pour assurer une insertion pour tous les ressortissants sur la base de l'appartenance à une famille voire à un quartier, au village, les possibilités d'adhérer à des structurations différentes sont plus nombreuses. Aussi, nous avons recensé 27 associations dans le village de Suel qui vont de l'association de quartier (chaque quartier en compte une) à celle de lignages.

À côté de ces groupements qui sont l'émanation de l'organisation sociale traditionnelle dont souvent l'objectif principal est la régulation et la conservation des valeurs unifiantes, aujourd'hui on note l'émergence d'organisation paysanne qui se rivalisent d'ardeur. Dans le village de Suel, pas moins de 4 organisations paysannes sont présentes. La distribution spatiale des OP (voir tableau 4: des OP par exploitation suivant les quartiers) dans l'espace villageois en dit long sur les stratégies des acteurs en interaction.

Le CADEF constitue numériquement la principale OP au sein du village. En effet, sur les 137 exploitations interrogées, 77 soit 56,2% se réclament de lui. L'AJAC occupe la seconde place avec 21%. Le groupement des agriculteurs de Suel (GRAS) concerne seulement 5 exploitations soit 3,7%. Créé depuis 1985, le GRAS était paralysé pendant plusieurs années du fait de la maladie de son président hospitalisé à Dakar. Cet exemple montre bien le risque pour une OP de ne dépendre que d'une seule personne.

Selon l'enquête de Mercoiret et Berthome (1992), en 1989, 65,3% de Fank du village se réclament membres du CADEF. Nos enquêtes montrent que cette OP a perdu au moins 10% de ses adhérents dans ce village. Le quartier où le score du CADEF a le plus reculé est celui de Kounatouba. Dans celui-ci, il réalisait 100% en 1989; or, sur la base de nos résultats, elle n'en comptabilise que 55%. En 1991, l'Association pour le Développement du Yamakeuye (ADY) fait une entrée timide dans le village. Cette OP compte 7 exploitations dans le quartier de Kounatouba où habite son représentant. Ce dernier explique les départs du CADEF pour rejoindre sa formation par l'espoir que l'ADY incarne. Il soutient qu'au début leurs membres étaient tous dans le CADEF. « Ils y ont fait presque 10 ans. Leur dépit provient du fait qu'après avoir fait leurs pépinières, leur encadreur leur a fait savoir que son OP n'encadre que ceux qui font le maraîchage seulement. Donc, beaucoup de personnes ont abandonné pour nous rejoindre. Avec nous, ils ont la possibilité de faire des pépinières de mangue, de citron, d'orange mais également de maraîchage».

Les responsables du CADEF expliquent l'adhésion à d'autres OP par la « difficulté que rencontrent certains jeunes qui étaient en migration de trouver des postes de responsabilité. Or, les jeunes sont très pressés et souhaitent tout avoir sans avoir fait leur preuve dans le cadre des OP; donc ils vont tout faire pour trouver des partenaires prêts à les financer. Ce qui est regrettable, poursuit le responsable, c'est qu'ils font de la délation. Ils bâtissent leur discours dans le cadre de l'animation sur des promesses qu'ils ne pourront jamais tenir. Par exemple, là où le CADEF tient un discours de vérité, eux ils vont dire qu'ils vont distribuer des grillages, donner de l'argent…. . C'est dommage parce qu'ils sont en train de tromper leurs propres parents».

À Kaok, la représentation du CADEF à Suel est passée de 41,46% en 1989 à seulement 30%. En revanche, le CADEF a connu de nouvelles adhésions dans le quartier de Diacoye. La raison fondamentale semble se situer dans la situation assez conflictuelle entre les habitants des deux quartiers. À l'image du quartier Kounatouba, le CADEF a perdu près de 10% entre les deux enquêtes au profit cette fois-ci de l'AJAC. Déjà l'implantation de l'école avait constitué au début des années 1960 une pomme de discorde entre les deux quartiers. Chaque quartier avait voulu que l'école soit implantée dans son « territoire ». Cette opposition était sous-tendue par l'existence de deux tendances politiques au sein du PS dans le village. Le deuxième tiraillement a concerné le problème de renouvellement de la coopérative. La résurgence de ces conflits en latence empêche une entente villageoise et les organisations paysannes trouvent dans ces divergences un terreau favorable pour se déployer. Le conflit[16] le plus récent concerne l'affectation de terre.

Pour sa part, en adhérant depuis 1985 à l'union GOPEC, après son retrait du groupe des 5 quartiers (Kounatouba, Djiyeko, Bodian, Moulomp)[17] qui avaient massivement porté leur dévolu sur le CADEF, le quartier Bamadj est resté à l'écart des tiraillements que se livrent les deux principales OP du village: le CADEF et l'AJAC.

La concurrence entre OP semble épouser les contours des clivages politiques PS/PDS/AJ PADS, voire au sein d'un même parti à travers l'existence des tendances. Les différents conflits par OP interposées dont le village est le théâtre témoignent de la dynamique des organisations en compétition dont toutes déclarent viser le développement de leurs «territoires d'intervention», mais aussi peuvent traduire la volonté souvent non affichée de certains leaders qui tentent d'assurer leur propre ascension sociale. Ce dernier cas de figure n'exclut pas l'exploitation, quelquefois, politicienne des dissensions interlignagères. Les leaders mus par cette volonté sont ceux qui passent le temps à opposer des groupements, en somme à diviser pour mieux régner. Toutefois ces combinaisons politiciennes ne semblent pas toujours trouver des échos favorables au sein de la majorité des populations. Lors des dernières élections législatives, un responsable d'OP, M.G. après avoir rejoint AJ/PADS n'a pas été suivi par sa base qui a «préféré» rester massivement dans le PS. Or, le leader paysan avait consacré les investissements les plus significatifs dans ce village, notamment dans le quartier qui manifestait le premier son attachement à son Parti d'origine. Rappelons que la même tentative avait réussi lors des élections de 1993. Cette attitude dénote-t-elle une sorte de ras-le-bol d'une partie de l'opinion, lasse des manipulations électoralistes, ou traduit-elle un sens élevé, mais nouveau, de réalisme politique?

Ces tiraillements qui, quelquefois, sont à l'origine de l'impossibilité d'une entente villageoise sur certains dossiers d'utilité communautaires, ne semblent pas prendre en compte que certaines actions qui ne peuvent être réalisées par une seule OP, mais exigent la participation responsable de toutes les parties concernées. L'aménagement d'une vallée, par exemple, nécessite la participation consensuelle d'au moins un village, à défaut de trouver un terrain d'entente entre tous les villages voisins qui exploitent celle-ci. Or, souvent des villages voisins appartenant à des OP différentes ne parviennent pas à exploiter positivement la même vallée. On retrouve des exemples concernant des villages de Diatang et de Katoudié ou opposant des OP différentes (CADEF-ADY) et dont la résolution par les leaders paysans impliqués accroîtrait plus leur action qu'elle n'en limiterait la portée.

À une échelle plus réduite, cette dynamique organisationnelle peut devenir un espace de cristallisation des conflits. Le village de Suel constitue un bon exemple d'émiettement des OP qui se livrent à une concurrence qui ressemble plus à une absence d'actions programmatiques cohérentes. Ce qui, tout en montrant les limites des actions des leaders, pose également le problème de leur fonction. Certes, la dimension du leader peut faciliter les contacts avec les bailleurs, mais pourrait à la longue inhiber quelquefois l'expression plurielle au sein de l'OP. La personnalité du leader, loin de constituer un catalyseur peut se révéler un véritable blocage au fonctionnement de l'OP. Plus le capital relationnel du leader est important, plus l'OP peut bénéficier des retombées en termes de financement; en revanche, cette popularité du leader n'a pas que d'aspects positifs. Dans le cas du CADEF par exemple, «la participation du coordonnateur d'une part, à l'administration locale et à plusieurs structures fédératives (CORD, FONGS, etc.) et, d'autre part, à plusieurs séminaires, régulièrement programmés, comme personne ressource et/ou à des missions à l'intérieur ou l'extérieur du Sénégal, font que sa présence effective sur le terrain est marginale alors qu'il continue d'être le principal interlocuteur de tous les intervenants extérieurs (sénégalais comme étrangers); mieux, c'est le seul personnage capable de prendre de décisions opérationnelles». (CRA Djibélor 1992:41). Son absence paralyse ainsi le fonctionnement de l'OP dont la vie est rythmée par sa présence sporadique au siège.

La perception qu'ont certains paysans des leaders peut être résumée par le fait que ces derniers ne sont pas toujours des paysans à part entière mais des «paysans» entièrement à part. Pour traduire cela en termes plus simples, on peut se demander comment être un leader paysan et vouloir défendre les intérêts de ceux-ci quand on est pas paysan exploitant? Combien de responsables paysans détiennent en réalité des champs qu'ils exploitent eux-mêmes? S'il est nécessaire que le mouvement paysan ait à sa tête des gens bien outillés sur le plan théorique pour servir d'interface entre les intervenants extérieurs (bailleurs de fonds, structures étatiques) et les paysans, souvent analphabètes, il y va de la crédibilité des «intermédiaires» de partager un minimum commun: le travail de la terre. Du coup, n'est-ce pas posé le problème de la nécessité pour les OP d'avoir à leur tête des paysans leaders plutôt que de leaders paysans (dirigeant du mouvement sans le vivre de l'intérieur, sans être soi-même paysan)?

Mais en attendant l'émergence au sein des paysans de leaders capables de défendre les intérêts du paysannat, ce qui commence à exister, le mouvement paysan ne semble pas pouvoir se passer d'intermédiaires. En effet, laissés à eux-mêmes (souvent non alphabétisés ou connaissant peu ou prou les « conditionnalités » des bailleurs de fonds), les paysans sont contraints à recourir aux services des intermédiaires ou courtiers[18] du développement pour récolter des fonds. Cette ignorance des mécanismes de fonctionnement des structures capables de drainer des ressources financières en milieu rural conduit les paysans à faire appel aux services des intermédiaires pour pouvoir capter la rente financière. Cependant, la pratique de ces derniers renvoie à une alternative dont les deux termes sont défavorables aux paysans. Ceux-ci souhaitent-ils que les intermédiaires soient dénoncés, sachant a priori que sans ces derniers ils ne peuvent avoir accès ne serait-ce qu'à la moitié de l'aide dont ils bénéficient actuellement? Cette situation rend nécessaire la fonction de courtiers du développement tant que les «conditionnalités» des bailleurs restent assez rigides pour les paysans d'une part et, d'autre part, tant que les paysans ne sont pas informés, encore moins suffisamment formés; ce qui est nécessaire pour impulser de véritables initiatives d'auto- promotion, d'auto-développement à la base.

Conclusion

La Basse Casamance est caractérisée par une importante dynamique organisationnelle. La société diola est structurée de manière à permettre l'expression d'une diversité d'associations.

L'intervention de l'État en cessant d'être directive a permis l'émergence ou le renforcement de nombreuses organisations paysannes. Pour combler le vide laissé par le désengagement de l'État, un nouveau leadership paysan voit le jour. La floraison d'OP traduit l'existence de ressources humaines suffisantes que recèle la région. Conscients du rôle d'interface qu'ils doivent jouer, les leaders tentent d'inscrire leur mouvement dans la société locale en conformité avec leur environnement. Cette dynamique n'exclut pas des détournements d'objectifs qui font de certains leaders de véritables «courtiers du développement», plus préoccupés à servir leurs propres intérêts que ceux de la communauté pour laquelle ils sont sensés être des intermédiaires.

Aujourd'hui, le mouvement paysan en Basse Casamance semble avoir atteint son degré de maturité. La création symbolique de la Maison du Paysan justifie la conscience, encore à parfaire, des leaders d'OP de renforcer leur solidarité. Désormais, grâce à cet outil, les responsables des différentes OP se retrouvent pour échanger sur des questions de développement. Il n'est plus rare de voir une OP comme l'Entente, par exemple, critiquer positivement leurs collègues du CADEF sans aucune animosité. Mieux, les leaders sont de plus en plus persuadés que de leur solidarité dépend la portée de leur action et de l'intelligibilité de leur message.

Notes

1. Le ménage est l'unité économique de production, il correspond généralement à l'unité de consommation (*essile*). À la différence d'autres groupes ethniques (*mandingue*, *Peul*), la concession ou *Fank* chez les *Diola* ne correspond nécessairement pas à une unité économique. Elle peut regrouper de nombreux ménages chacun conservant et gérant ses propres greniers et rizières.

2. Le phénomène de mandinguisation est l'appropriation de certains traits culturels résultant des contacts violents (islamisation *mandingue* au XIXe siècle) ou pacifiques (conduits par des commerçants) que certains groupes *diola* ont connu avec les *Mandingue*s.

3. Aujourd'hui, de plus en plus, cette différenciation des rôles des sexes n'est plus systématique; on retrouve, dans certains cas, des hommes dans les rizières et des femmes sur le plateau.

4. Pour plus d'informations à ce sujet, se reporter aux travaux de l'Equipe Système de l'ISRA Djibélor, 1982-1986.

5. Pour des informations complémentaires relatives à l'organisation sociale, économique et religieuse des diola, voir PELISSIER (1966), THOMAS (1966).

6. Pour exemple, le chef de village est une autorité créée par l'administration pour servir de relais entre celle-ci et les populations. Son pouvoir est relativisé par l'existence d'autres types de pouvoir qui puisent leur autorité dans les traditions cardinales de la société diola.

7. Voir RGPH, 1988.

8. Outre nos enquêtes de terrain, nous nous sommes inspirés pour décrire le paysage organisationnel du département de Bignona du « Programme d'appui aux organisations paysannes du département de Bignona, Rapport de Synthèse des études de faisabilité, 1992, BERTHOME *et al.* 98 p) ».

9. Pour des informations détaillées sur les OP composant CORD, voir annexe 2.

10. Celles-ci sont animées par les deux ténors du Parti socialiste dans la région que sont les ministres SAGNA et SANE.

11. La tendance animée par Fanta Sagna tout en étant membre de la FDGPF, dirigée par Fatou Sané, a créé le groupement des femmes de la Commune de Bignona (CADEV).

12. La schématisation en première génération (années 1980) et en deuxième génération (années 1990) est faite seulement à titre indicatif.

13. D'autres motifs peuvent être invoqués pour expliquer les retours. Parallèlement aux difficultés d'insertion socio-professionnelles, il est possible de lire à travers certains retours une sorte d'anticipation à la décentralisation.

14. Précisons que pour les migrants qui sont allés en Gambie, ils n'ont pas nécessairement effectué une migration interne au préalable. Cette situation est liée à la proximité géographique avec la Gambie. C'est ce qui explique que contrairement à la migration internationale des gens de la vallée du fleuve Sénégal qui est souvent précédée d'une migration interne, ici les migrants font du direct, dans certains cas, même pour financer la migration à Dakar.

15. Il s'agit d'une définition volontairement vague qui vise à intégrer toutes les formes de retour rencontrées ici. Il est difficile de qualifier une migration de définitivement arrêtée. Sur les différentes modalités de retour, on pourrait se reporter à BA (1996: 24-27) qui présente quelques caractéristiques du phénomène de retour dans la vallée du fleuve Sénégal mais applicable ici comme étape du cycle de vie, comme stratégie de redéploiement et comme échec. Voir également l'intéressante étude sur le lien entre migration de retour et crise économique réalisée au Cameroun en 1992 (Enquête sur les migrants de retour au Cameroun, EMR) et publiée en 1996 par Gubry et al. sous le titre: Le retour au village. Une solution à la crise économique au Cameroun ?

16. Selon les informations les plus concordantes, un propriétaire terrien de Kaok aurait prêté ses terres au groupement des deux quartiers affiliés au CADEF. Quand quelques membres du groupement dont le propriétaire terrien ont décidé de quitter le groupement, ils ont voulu récupérer leur terrain, ce que les autres n'ont pas accepté. Le propriétaire aurait mis le Kadenako (fétiche) pour empêcher l'autre partie d'exploiter le jardin. Aujourd'hui, aucune des parties n'exploite le jardin et le problème a connu des rebondissements qui constituent une des sources de blocage pour toute entente au niveau du village.

17. Ces groupements s'étaient constitués à la suite du soulèvement des éleveurs conduits par Djiby Diallo (responsable du syndicat des éleveurs et des artisans…) en 1980.

18. Olivier de Sardan et Bierschenk (1993: 71-76) définissent les courtiers comme « des acteurs sociaux implantés dans une arène locale qui servent d'intermédiaires pour drainer (vers l'espace social correspondant à cette arène) des ressources extérieures relevant de ce que l'on appelle communément l'aide au développement ».

19. L'Union Adiamath était membre de l'union GIE Amanari qui constitue l'union-mère. Quand elle a obtenu le nombre minimal de 10 groupements affiliés elle s'est constituée en Groupement d'intérêt économique (GIE).

20. L'Entente de Kabiline entretenait d'excellentes relations avec l'Entente de Koumpentoum qui est une des plus anciennes OP du Sénégal dont le premier animateur est Mamadou Cissoko l'actuel Président de CNCR

21. Il s'agit d'un projet national qui, depuis les années 1970, soutient la création d'entreprises pour les jeunes.

22. Selon une de ses responsables, le nom CADEV est une imposition de certains responsables associatifs du département qui souhaitent que les membres de cette structure adhérent à la CORD. Mais, les responsables préfèrent pour leur organisation le nom de groupement de Promotion Féminine. Stratégie de positionnement politique vis-à-vis de leurs sœurs ennemies (FDGPF) ou refus d'accepter une tutelle masculine?

Bibliographie

Ba, Cheikh Oumar, 1997, *Migrations et Organisations Paysannes en Basse Casamance. Une première caractérisation à partir de l'exemple du village de Suel (Département de Bignona)*, ISRA-Djibélor, 80 p.

Berthome, J., Mercoiret, (M.R.), Bosc (P.M.), 1992, *Programme d'appui aux organisations paysannes du département de Bignona. Rapport de synthèse des études de faisabilité*, Ministère du Développement rural et de l'Hydraulique, Dakar: 98 p.

Bierschenk, Thomas, Le Meur, Pierre-Yves, 1996, *Le développement négocié: courtiers, savoirs, technologies*, APAD, Hambourg, Bulletin n°2: 161 p.

Church World Service, 1995, *Répertoire des associations villageoises en Casamance*, Dakar: 132 p.

CIRAD, 1997, *États désengagés, paysans engagés. Perspectives et nouveaux rôles des organisations paysannes en Afrique et en Amérique latine*, compte rendu de l'atelier international de Mèze, France, 20 au 25 mars 1995, 189 p.

CRA de Djibélor, M.L. Sonko, A. Fall, M. Lô, B. Barry, 1992, *Projet de recherches sur le transfert de technologies en milieu rural de Basse Casamance*, 60 p.

Diouf, Made Bandé, 1984, *La Basse Casamance: organisation, système foncier et migration (Synthèse bibliographique)*, Mémoire de stage présenté pour la confirmation, Équipe systèmes de production Basse Casamance, Centre de recherches agricoles de Djibélor, ISRA, 84 p.

GAO (Groupements - Associations villageoises - Organisations Paysannes), 1992 – *Situation et évolution des organisations paysannes et rurales, Le Sénégal*, Ministère de la Coopération et du Développement, Paris, France, 82 p.

Harza, Engineering Company International, 1984, *Plan Directeur du Développement Agricole de la Basse Casamance, Rapport du Plan Directeur, Volume 1*, SOMIVAC-USAID, 7-64.

Équipe Système de Djibélor, 1982, *Rapports d'activités. Campagnes agricoles 1982 à 1986*, ISRA-Ziguinchor.

Diagne, Daouda, Pesche, Denis (sous dir.), 1998, Les organisations paysannes et rurales. Des acteurs du développement en Afrique sub-saharienne, Dossiers de l'inter-réseaux, Groupe de Travail Organisations paysannes et rurales, 84 p.

Paarz,1992 – *Synthèse de documents socio-économiques de la région de Ziguinchor*, Département Études - Consultations, Sud-Informatique/Ziguinchor, 94 p.

Pelissier, 1966, *Les paysans du Sénégal. Les civilisations agraires du Cayor à la Casamance*, Fabrègue Saint-Yrieix (Haute-Vienne), 939.

TARRIÈRE-DIOP (Claire), 1996 – *Les organisations paysannes dans la dynamique du changement social: le cas de la moyenne vallée du fleuve Sénégal*, Thèse pour le Doctorat (Nouveau Régime) en Sciences sociales, sociologie, 765 p.

Thomas, Louis Vincent, 1966 « L'espace social chez les diola », *Notes africaines*, III, 7, 89-97.

Annexes

Annexe 1: Tableaux

Tableau 4.1: Période de retour des migrants devenus leaders

Période	Nombre de personnes	Pourcentage
Avant 1968	8	10
1969-1973	10	12,5
1974-1979	8	10
1979 à 1984	20	25
1985 à 1990	31	38,7
1991 à 1993	3	3,7
Total	80	99,99

Tableau 4.2: Périodes d'adhésion des leaders d'OP

Période	Nombre d'adhésion	Pourcentage
Avant 1980	11	10,4
1980 - 1984	27	25,7
1985 - 1989	45	42,8
1990 - 1994	22	20,9
Total	105	99,8

Tableau 4.3: de répartition de la population par quartier
Recensement COBA, 1997

Nom du quartier	Population	Pourcentage
Bamadj	84	6,9
Bodian	107	8,7
Kaok	339	27,7
Diacoye	227	18,5
Moulomp	123	10
Kounatouba	230	18,8
Djiyeko	114	9,3

Tableau 4.4: Répartition des OP par exploitation suivant les quartiers

Quartier Nom OP	Bamadj	Bodian	Kaok	Diacoye	Moulomp	Kounatouba	Djiyeko	Total
ADY						7		7 (5,1)
AJAC	4		20	1	1	3		29 (21)
CADEF		10	11	19	9	16	12	77 (56,2)
GOPEC	6							6 (4,4)
GRAS	3							5 (3,7)
Non membre		1	4	3	2	3		13 (9,6)
Total	13	12	36	23	12	29	12	137 (100)

Annexe 2: Présentation des OP membres de AJAC de Bignona

Dans le département de Bignona, l'AJAC regroupe quatre unions locales qui correspondent chacune à un arrondissement: l'union Amanari dans l'arrondissement de Dioúloulou, l'union Boulouf dans l'arrondissement de Tendouck, l'union Kalounaye dans l'arrondissement de Tenghory et enfin l'union Adiamath dans l'Arrondissement de Sindian.

Les quatre unions qui constituent l'AJAC de Bignona regroupent en moyenne dix sept groupements répartis sur une dizaine de villages. Elles comptent en moyenne 1177 membres dont 865 femmes. La quasi-totalité affirment avoir comme principale activité le maraîchage. Seule l'union AJAC Adiamath considère avoir comme première activité la transformation du nététou et l'huile de palme. Le maraîchage n'étant qu'une activité secondaire à côté de l'arboriculture.

AJAC BOULOUF

L'AJAC de Blouf est créée en 1986. Elle encadre 24 groupements. Son action couvre 8 villages. Elle compte 1 498 adhérents dont 950 femmes et 548 hommes. La principale activité de l'OP est le maraîchage.

AJAC KAlOUNAYES

Créée en 1984, l'AJAC KALOUNAYES n'a été reconnue qu'en 1987. Elle encadre 21 groupements éparpillés dans 16 villages. Elle regroupe 1751 adhérents dont 1051 femmes. Sa principale activité est le maraîchage. Parmi ses activités secondaires, il y a l'élevage de bœuf.

AJAC ADIAMATH

Créée en 1987, l'union AJAC ADIAMATH[19] a obtenu sa reconnaissance officielle le 9 octobre de la même année. Elle encadre 14 groupements et son action couvre 12 villages. Elle compte 1 130 adhérents dont 862 femmes. Son activité principale est la transformation du nététou et de l'huile de palme. Ses activités secondaires touchent aussi bien l'arboriculture que le maraîchage.

AJAC *AMANARI*

Elle est créée en 1984 mais n'a été reconnue officiellement qu'en 1987. Elle encadre 12 groupements et couvre 8 villages. Elle compte 1 095 adhérents dont 598 femmes. Son activité principale est le maraîchage. Ses activités secondaires touchent des domaines aussi variés que le commerce, la transformation des fruits et légumes, et la transformation de l'huile de palme.

Entente de Diouloulou

L'Entente de Diouloulou est créée en 1984 à la suite de l'éclatement de l'Entente de Kabiline[20]. Celle-ci s'est scindée en deux unions: l'union des groupements de l'arrondissement de Diouloulou constitue l'Entente de Diouloulou (c'est le groupe GOPEC de Kabiline qui est à l'origine de l'Entente de Diouloulou, deux comités autonomes l'un basé à Touba, l'autre à Kabiline) et l'union des groupements de l'arrondissement de Tendouck forme l'Entente de Tendouck dénommée *JIMUUTEN*.

Entente de Tendouck ou *JIMUUTEN*

L'Entente de Tendouck est créée en 1984. Elle encadre 11 groupements et compte 506 adhérents dont 276 femmes et 228 hommes. Son activité principale est le maraîchage et un de ses activités secondaires est l'aroriculture.

Ses principales difficultés sont le manque d'eau et de clôture.

Comité d'Action pour le Développement Fogny (CADEF)

Créé en juin 1983 sur l'initiative des ressortissants de la zone vivant à Dakar, le CADEF regroupe des villages appartenant à l'arrondissement de Sindian. Il travaille dans quatre communautés rurales: Sindian (Sindian, Kagnaru, Diagong, Leufeu, Kourouck); Suel (Suel, Diacoye Banga, Kaparan, Katinong); Djibidione (Djibidione, Boulinghoye, Diaboudior); Oulampane (Oulampane, Bougoutoub, Diagope).

En 1987, le CADEF devient un GIE pour acquérir la capacité juridique de mener des activités à but lucratif. Aujourd'hui, le CADEF encadre 38 groupements. Il compte 1 248 adhérents 754 femmes.

Association pour le Développement du Yamakeuye (ADY)

L'ADY est créée en 1987 sous l'impulsion du chef du Centre d'Expansion Rurale (CER) de Tenghory. Elle est officiellement reconnue comme GIE en 1989. Elle encadre 52 groupements et couvre 39 villages. L'ADY compte 3 072 adhérents dont 2 000 femmes. Son activité principale est le maraîchage. Parmi ses activités secondaires, elle fait des pépinières de mangues et agrumes, et fabrique des grillages.

Union des groupements GOPEC

L'Union des groupements GOPEC[21] est créée en 1982. Elle s'est transformée en GIE en 1994 pour obtenir une reconnaissance officielle. L'Union encadre 23 groupements et couvre 22 villages. Elle compte 1 178 adhérents dont 828 femmes. À partir de 1988, l'union devient membre de CORD.

AMICAR

L'Amicale des Anciens du Centre CARA d'Affignam (AMICAR) forme depuis les années 1970 des jeunes dans le cadre de forage et de l'équipement de puits. Créée en 1975, elle n'a été officiellement reconnue qu'en 1987. L'AMICAR encadre 24 groupements se trouvant dans 17 villages. Elle compte 1 500 adhérents dont 1 000 femmes.

Fédération départementale des groupements de promotion féminine (FDGPF)

La Fédération départementale des groupements de promotion féminine est officiellement créée en 1987. Elle est reconnue officiellement en 1980. Cependant, une union départementale existait depuis 1981. Elle était constituée par l'ex ministère du Développement social — dont les groupements issus de la Fédération nationale étaient plus connus sous le nom de groupements "Maïmouna Kane" Ministre de tutelle de l'époque — devenu aujourd'hui Ministère de la Famille de l'Action Sociale et de la Solidarité Nationale.

La Fédération touche aujourd'hui 250 villages qui polarisent 300 groupements féminins. Le nombre d'adhérents s'élève à 12 000 femmes. La FDGPF est numériquement la plus importante organisation du département. Son activité principale est le maraîchage.

Comité d'Action pour le Développement de la Ville de Bignona (CADEV)

Créé en 1993, le CADEV[22] regroupe et coordonne les activités de 16 groupements féminins qui s'intéressent à l'artisanat et à l'agriculture périurbaine. Il compte 480 d'adhérents, qui sont tous des femmes. Son activité principale est l'artisanat.

5

Enjeux et contraintes de la décentralisation: Les communautés rurales du département de Mbour

Alexis Campal

Introduction

Le pouvoir central sénégalais (PCS) tente, depuis le début des années 1960, de repenser ses relations avec les pouvoirs locaux en vue de leur faire jouer, officiellement, un rôle plus important dans les politiques de développement.

À travers les réformes notées depuis le début des années 1960 et visant, soit l'organisation et le fonctionnement des municipalités, soit celui des communautés rurales, les pouvoirs publics ont affiché une volonté de promotion de la participation populaire. Mais les résultats obtenus n'ont pas toujours été à la hauteur des attentes des populations. Les causes de ces faibles performances sont nombreuses et assez bien documentées. De lourdes contraintes politiques ont souvent transformé les institutions locales en sites de prédation en raison de leur rôle dans la consolidation du fait étatique et la reproduction de la classe dirigeante sénégalaise.

Ces structures ont été soumises au pouvoir central qui, selon une logique totalitaire, s'est heurté à toute velléité d'autonomie et, en conséquence, ne leur a pas fourni les ressources permettant de faire face aux besoins des populations. Des «bruits» ont ainsi été introduits dans la mise en œuvre des politiques de décentralisation. La culture du personnel politique, dominée par le parlementarisme, a constitué une autre contrainte objective.

La participation des municipalités à la gestion urbaine a été limitée par les ressources disponibles, un financement insuffisant du transfert de certaines compétences de l'État aux collectivités locales, les effets du clientélisme et les mécanismes de contrôle financier repérables entre autres dans le fait qu'il n'y a pas de séparation nette entre le compte de l'État et celui de la commune. Dans les communautés rurales, le poids des agents du commandement territorial a souvent été dénoncé en plus du rôle joué par certaines notabilités coutumières et de la persistance des idéologies inégalitaires. On a également observé une utilisation patrimoniale des ressources.

Les diagnostics faits par les différents ministres de l'Intérieur fournissent, de ce point de vue, un résumé assez pertinent des résultats relativement faibles obtenus sur le plan de la gestion locale.

Et pourtant, pendant les années 1990 marquées par la libéralisation renforcée de l'économie, la persistance, dans le sud du pays, de la revendication indépendantiste, et un consensus au sein de la communauté des bailleurs de fonds[1] en faveur de la décentralisation, l'État a décidé de renforcer le mouvement amorcé depuis l'indépendance.

L'architecture institutionnelle qui se met en place, annoncée par le Président de la République dans son discours du 3 avril 1992, se caractérise par l'érection des régions en collectivités territoriales. Elle a été préparée par des groupes de travail mis sur pied sous l'égide de la Primature, au mois de juin de la même année et par des travaux de synthèse effectués par les services spécialisés du ministère de l'Intérieur. Une réforme politique de grande envergure est alors observée définissant, entre autres, la répartition des compétences et des moyens entre le pouvoir central et les collectivités décentralisées.

Le dispositif législatif et réglementaire relatif à cette réforme administrative est adopté par l'Assemblée nationale en 1996. Le gouvernement a élaboré les lois relatives au Code des collectivités locales (loi n° 96-06 du 22 mars 1996), au transfert de compétence aux régions, communes et communautés rurales (loi n° 96-07 du 22 mars 1996 et les décrets portant application des différentes lois, vingt-deux au total).

En novembre 1996, des élections régionales et locales ont été organisées afin de permettre aux populations de choisir en leur sein ceux qui doivent diriger les institutions (collectivités locales) qui venaient ainsi d'être consolidées. Dans leur organisation, leur déroulement et leurs résultats, ces consultations ont été fortement contestées par les partis d'opposition. En effet, elles ont été marquées par de graves irrégularités perpétrées par le parti au pouvoir. Néanmoins, la percée de certains partis d'opposition au sein des conseils municipaux et ruraux est assez significative.

En janvier 1997, le gouvernement sénégalais a ainsi mis en œuvre une réforme politico-administrative de grande envergure, certainement l'une des plus déterminantes depuis l'indépendance du pays. Désormais le processus de décentralisation constitue l'un des axes stratégiques retenus par le neuvième plan d'orientation élaboré pour la période 1996-2001. En acceptant de partager ses pouvoirs avec des échelons locaux, le pouvoir central affiche sa volonté de promouvoir une autre approche du développement, en particulier en favorisant la participation populaire. Mais la première phase de mise en œuvre de cette réforme a révélé une absence criarde de ressources, ce qui a obligé les gestionnaires municipaux à accentuer la pression fiscale.

Une des conditions de réussite de cette politique réside dans les capacités des collectivités locales, en particulier au niveau de la prise en charge des responsabilités liées aux nouveaux transferts, de la mobilisation des ressources financières et de la maîtrise du développement local.

L'objet de cette contribution est d'examiner la place des communautés rurales dans le dispositif mis en place par la réforme de 1996, en particulier dans le partage des pouvoirs opéré par l'État.

Le site d'observation choisi est constitué par les communautés rurales du département de Mbour, dans la région administrative de Thiès.

Nous analysons plus précisément les communautés rurales suivantes: Sindia, Ndiass et Malicounda (arrondissement de Sindia), Tassette, Ndiaganiao et Fissel (arrondissement de Fissel) Sandiara, Nguéniène et Thiadiaye (arrondissement Thiadiaye).

- L'analyse a été menée à deux niveaux:
- La présentation du profil général du département de Mbour qui donne un aperçu sur les huit communautés rurales qui le composent,
- L'examen approfondi du cas de la communauté rurale de Sindia, dans l'arrondissement du même nom, à titre d'illustration. L'objectif, à ce niveau, est de présenter le système des établissements humains (villages) localisés dans la communauté rurale. L'accent sera essentiellement mis sur les aspects relatifs:
  - à l'accès des populations aux équipements, services et infrastructures;
  - la capacité financière, de gestion et de maîtrise du développement des différentes communautés rurales.

La période d'observation (1993 à 1996) a été choisie en raison de la disponibilité des données sur les finances locales. En effet, les sessions budgétaires de 1993 à 1996 ont été choisies pour l'étude de la fiscalité locale au Sénégal réalisée en 1998.

A- La région de Thiès

L'analyse du système d'établissements humains sénégalais effectuée en 1992 sous l'égide du Fonds des Nations Unies pour la population (FNUAP) et de la Direction de l'Aménagement du territoire (DAT), montre que la configuration du triangle constitué par Dakar, Thiès et Mbour constitue l'une des conséquences majeures du développement de l'axe Dakar Thiès, longtemps identifié dans le réseau urbain national. En effet, de par sa position géographique et du fait de l'émergence de pôles successifs entre Thiès et Dakar, la capitale du Cayor est en phase de devenir un véritable prolongement de l'agglomération dakaroise.

La région de Thiès couvre une superficie de 6.601 km², soit 3,5 % du territoire national. Elle est limitée au nord par la région de Louga, au sud par la région de Fatick, à l'ouest par la région de Dakar et l'Océan atlantique, à l'est par les régions de Diourbel et de Fatick. En 1976, elle comptait 698.994 habitants. Avec environ 937.412 habitants (Recensement général de la population et de l'habitat de mai 1988), la région se plaçait au troisième rang après Dakar et Kaolack, ce qui correspondait à 13,6 % de la population totale du Sénégal. Son taux de croissance moyen annuel est de 2,8 % entre 1976 et 1988, alors que la moyenne nationale est de 2,9 %.

Au plan économique, la région de Thiès se place au deuxième rang, après celle de Dakar grâce, notamment, à son tissu industriel diversifié (industrie minière, textile et chimique). L'ampleur de l'industrie touristique consolide fortement cette position.

Du point de vue administratif, à l'instar des neuf autres régions du pays, Thiès est divisée en trois départements. Elle est subdivisée en dix (10) arrondissements, trente et une (31) communautés rurales et neuf (9) communes.

Thiès a été la région pilote retenue pour l'application de la réforme de l'administration territoriale et locale de 1972. C'est ainsi que le décret n° 72-61 du 29 juin 1972, a créé 31 communautés rurales. En novembre 1990, la région est passée de six (6) à sept (7) communes et, depuis septembre 1996, elle en compte neuf (9).

B - Le département de Mbour

Le département de Mbour a une superficie de 1607 km². Sa population était estimée en 1976 à 129.489 habitants, soit 18,5 % du total régional. En 1988, cette population passe à 278.550 habitants, soit une croissance moyenne annuelle de l'ordre de 2,8 % et une densité moyenne de 173,3 habitants au km².

Le département est limité au nord par celui de Thiès et la région de Dakar, au sud par la région de Fatick, à l'ouest par l'Océan Atlantique et à l'est par la région de Diourbel.

Administrativement, le département est subdivisé en trois (3) sous-préfectures, quatre (4) communes et huit (8) communautés rurales.

Carte 5.1: Département de Mbour (Carte administrative)

CR. Tassette

Ndiass

Sindia

Ndiaganiao

Fissel

Sandiara

Thiediaye

Malicounda

Nguéniène

Ocean Atlantique

R. Fatick

Echelle: 1/50.000

Tableau 5.1: Organisation administrative du département

Sous-préfectures	Communes	Communautés rurales
Sindia	Nguékhokh Mbour	Sindia Malicounda Ndiass
Sessène	Thiadiaye Joal-Fadiouth	Thiadiaye Sandiara Nguéniène
Fissel		Fissel Ndiaganiao

Au plan économique, le département de Mbour est marqué par le développement récent des activités touristiques, ce qui est facilité par l'existence d'environ 100 km de côtes maritimes propices au développement d'un complexe touristique d'envergure internationale. La Petite Côte qui en constitue le cadre territorial, part du sud du Cap Vert, entre Rufisque et la Pointe de Sangomar, à l'embouchure du Saalum. Elle s'étend sur environ 200 km de longueur avec une largeur variant entre 1 et 2 km.

Plus au nord, des falaises de terres jaunâtres et ocres avec des pentes souvent abruptes, offrent un environnement géographique très attrayant. Le site de Toubab Dialaw en est un exemple frappant.

La pêche et les activités connexes occupent une place importante dans le potentiel économique départemental et même national. Cet environnement économique favorable détermine, dans une certaine mesure, la constitution du potentiel économique des collectivités locales du département (communes et communautés rurales).

a) La population des communautés rurales (1976-1998)

Pour analyser l'évolution de la population dans le département de Mbour, les données de base utilisées sont celles des recensements généraux d'avril 1976 et de mai 1988.

À des fins de comparaison, on peut prendre comme point de repère le taux de croissance naturel de la population du Sénégal estimé à 2,9 % durant la décennie 1990. Ce taux est considéré comme étant le plus proche de la réalité par de récentes études démographiques et, en le rapprochant des taux moyens annuels des communautés rurales du département, on peut avoir un profil démographique de la zone.

L'examen des taux de croissance moyens annuels des communautés rurales du département de Mbour fait ressortir une situation assez proche de la moyenne nationale, de l'ordre de 3,7 %, avec des taux variant entre 3,4 % (Sindia) et -0,35% (Ndiaganiao). Comparées entre elles, il apparaît de grands écarts entre les CR situées sur la frange côtière (Sindia, Malicounda, Ndiass) et celles qui se trouvent à l'intérieur (Ndiaganiao, Fissel. Cependant, le cas des communautés rurales de Nguéniène et de Thiadiaye est tout à fait particulier.

Les communautés rurales de Sindia, Ndiass, Malicounda et Thiadiaye constituent l'aire géographique de la Petite Côte caractérisée par la forte concentration des activités touristiques. En effet, les réceptifs touristiques de la Petite Côte se trouvent dans les CR de Ndiass, Sindia et Malicounda, ce qui occasionne une forte immigration. Une étude réalisée par le ministère de la Ville en 1994[2] a montré que 75 à 80 % des employés des hôtels de la Petite Côte sont recrutés à l'intérieur du département.

Tableau 5.2: La population des communautés rurales (1976-1997)

Communautés rurales	1976	1988	Taux	1997
Sindia	19.997	29.560	3,4	9.592
Ndiass	15.323	21.563	2,89	27.866
Sandiara	10.897	14.908	2,64	18.848
Malicounda	17.369	22.972	2,35	36.941
Thiadiaye	17.930	23.462	2,26	28.689
Fissel	19.659	22.600	1,17	25.094
Nguéniène	18.808	19.776	0,42	20.536
Ndiaganiao	29.165	27.955	- 0,35	27.087
département	149.143	278.550		24.652

b) Les densités démographiques

Les disparités dans la distribution des densités sont assez marquées dans les CR de Nguéniène et Sandiara caractérisées par l'insuffisance et la mauvaise qualité des sols. La densité y est inférieure à 100 habitants au km². Dans les communautés rurales de Thiadiaye (187,7), Malicounda (172,7), Sindia (144) et, dans une moindre mesure, Ndiaganiao, les densités sont relativement élevées du fait, d'une part, des implications des fonctions (équipements, services et infrastructures) créées, pour l'essentiel, par la mission catholique et, d'autre part, de la concentration des activités économiques dans ces aires et de la présence des agglomérations urbaines de Mbour, Thiadiaye et Nguékhokh.

Carte 5.3: Regroupement des villages par taille

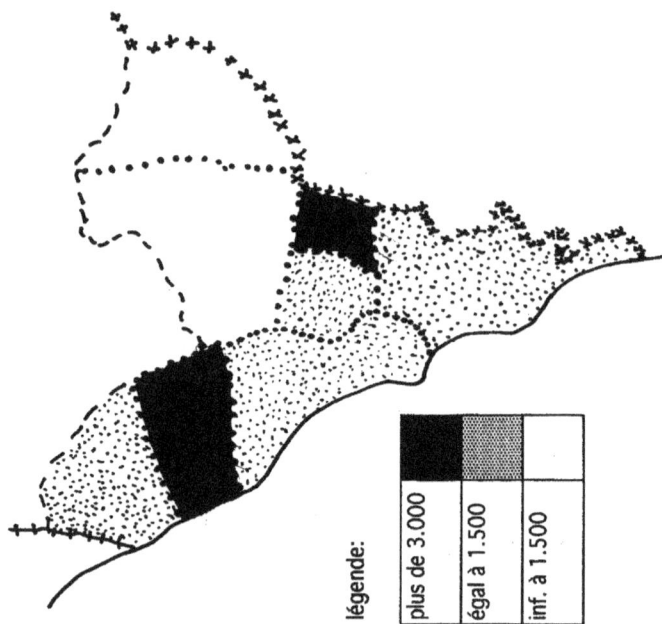

légende:

plus de 3.000	égal à 1.500	inf. à 1.500

Carte 5.2: Densité démographiques

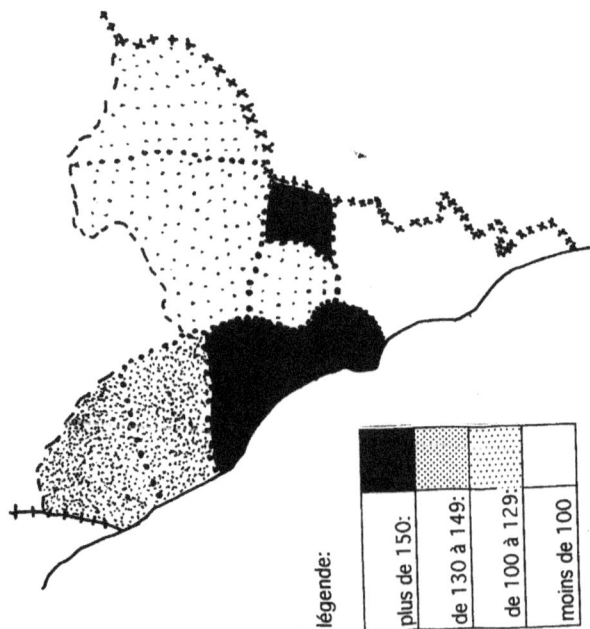

légende:

plus de 150:	de 130 à 149:	de 100 à 129:	moins de 100

c) Les agglomérations villageoises

Fichier-image: distribution de la population par CR et selon le groupement par tailles de villages

Le fichier-image ci-joint, construit de la même manière que celui qu'on élabore pour analyser la distribution de la population de plusieurs composantes géographiques par tranches d'âges décennales, montre la distribution de la population du département selon des groupes de taille des agglomérations villageoises et les communautés rurales.

Les données utilisées proviennent d'une élaboration du RGPH de 1988 qui est, pour le moment, le seul à fournir des données détaillées jusqu'au niveau plus bas des villages.

i) Lecture et interprétation du fichier-image

Les villages ont été regroupés en six classes de tailles définies en fonction des effectifs de population: 1-99; 100 - 199; 200 - 499; 500 - 1499; 1.5. - 2999; 3.000 et plus. Chaque ligne constitue la fiche de la communauté rurale indiquée, les quantités y étant ramenées à des fréquences pour cent.

Dans chaque colonne de la partie graphique, le noir plein correspond au maximum, le blanc à l'absence de villages d'une taille donnée pour la CR considérée. La première colonne de chaque partie indique les quantités absolues de la population par CR.

Le classement obtenu en ordonnant les lignes d'information graphique fait ressortir trois groupes de CR:

- Le premier est constitué par les CR de Fissel et Ndiaganiao. Ce groupe est une zone à habitat dispersé, les villages y sont, pour la plupart, de très petite taille, ne dépassant jamais 500 habitants.
- Le deuxième est composé de Nguéniène, Sandiara et Malicounda. C'est une zone à habitat dispersé avec, cependant, une présence significative de villages de taille relativement importante, atteignant souvent 1.500 habitants.
- Le troisième, constitué de Sindia et de Thiadiaye, renferme d'assez grosses agglomérations villageoises dont deux ont été promues au statut de commune en septembre 1996.

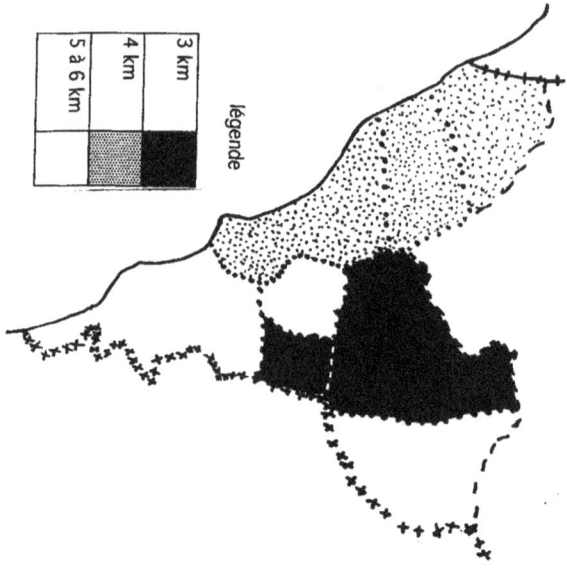

Carte 5.4: RAM des postes de santé

légende

3 km	
4 km	
5 à 6 km	

Echelles:

0 5 10 15

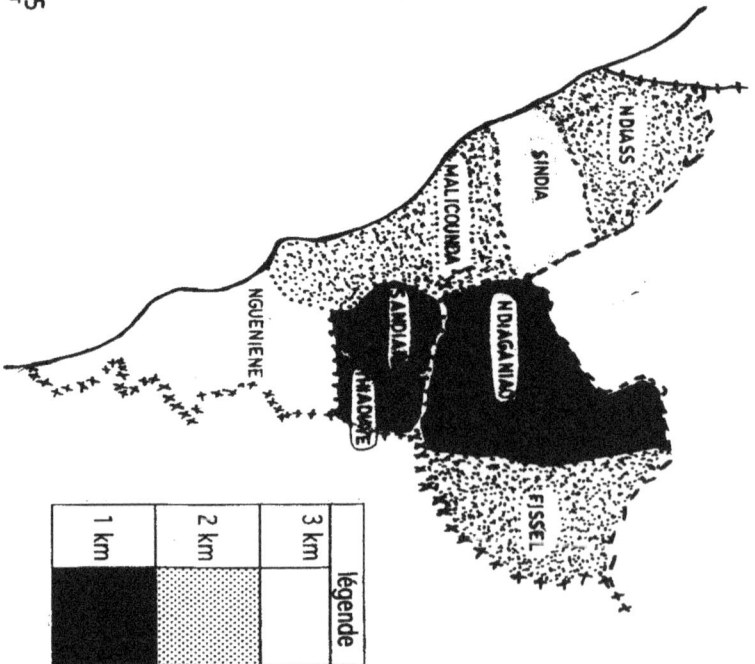

Carte5.5: RAM des écoles élémentaires

NDIASS

SINDIA

MALICOUNDA

NGUENIENE

N'DIAGANIAO

FISSEL

légende

1 km	
2 km	
3 km	

Le niveau d'accès aux équipements et aux services de base

a) Les formations sanitaires

Comme partout ailleurs au Sénégal, on observe la coexistence de la médecine traditionnelle et de la médecine moderne. Notre analyse concerne seulement le secteur moderne. Le service de santé publique au Sénégal est organisé en un réseau bien hiérarchisé, tant du point de vue des infrastructures que de la qualification du personnel. Du point de vue de l'équipement en matériel et en personnel, nous avons par ordre d'importance:

- l'hôpital au niveau régional avec à sa tête un médecin-chef assisté éventuellement d'autres médecins spécialisés;
- le centre de santé au niveau du département, polarisant des postes de santé ou cases de santé implantés généralement.

En raison d'une telle organisation, il n'existe, dans le département, que des centres dirigés par des médecins: un à Mbour ville, un à Joal-Fadiouth et un autre à Thiadiaye (ce dernier est réalisé par une mission finlandaise). De plus, on dénombre pour l'ensemble du département:

- 33 postes de santé dirigés soit par des infirmiers d'État, soit par des agents sanitaires;
- 5 maternités rurales.

La distribution spatiale de ces équipements est assez homogène. Néanmoins, leur efficacité, estimée à partir des rayons d'action moyens (RAM) fait ressortir des déséquilibres.

Le RAM est égal à la racine de la superficie de l'entité territoriale considérée sur le nombre d'équipements dénombrés dans celle-ci, le tout sur 3; 14. Le RAM permet de cerner le niveau d'accessibilité d'une formation sanitaire donnée, c'est-à-dire la distance parcourue en moyenne par l'usager pour accéder au service. Plus le rayon d'action est grand, moins les formations sanitaires sont accessibles.

L'examen du tableau qui indique les rayons d'action moyens des postes de santé dans les différentes communautés rurales montre que le département de Mbour présente une situation peu favorable eu égard aux RAM élevés observés pour l'ensemble des CR. En effet, ceux-ci se situent entre 3 et 6 km, ce qui représente des distances moyennes à parcourir par les usagers suffisamment élevées. Cette situation est aggravée par les faibles moyens de desserte dont disposent les populations de base. Néanmoins, ce déficit semble être compensé par la présence dans le département de trois centres de santé (Mbour, Joal-Fadiouth et Thiadiaye). Cela correspond à un rayon d'action moyen des centres de santé de l'ordre de 14 km nettement inférieur à la moyenne nationale pour ce niveau de service qui se situerait à environ 30 km.

b) les établissements scolaires élémentaires

Le tableau 5.3 indique les distances minimales qu'un écolier doit parcourir pour accéder à son école dans les différentes communautés rurales du département de Mbour. Il ressort de ce tableau des disparités marquées dans le niveau de couverture en matière d'équipements scolaires. En outre, en comparant la situation scolaire et sanitaire, on constate que la couverture scolaire est bien meilleure que celle sanitaire. En effet, les rayons d'action moyens des formations sanitaires varient entre 2 et 5 km tandis que ceux relatifs aux établissements scolaires primaires élémentaires se situent entre 1 et 3 km. Le soutien de la mission catholique dans l'effort d'équipement du territoire est à souligner car l'action des religieuses dans les domaines scolaires et sanitaires a beaucoup contribué, dans certaines zones rurales du pays, à la réduction du déficit en services de base.

Tableau 5.3: Rayons d'action moyens des écoles primaires élémentaires par CR

Communautés rurales	Superficie totale	Nbre écoles		Total	RAM	Légende
		public	privé			
Sindia	273,1	15		15	3	
Nguéniène	382	14	2	16	3	
Malicounda	213,09	14	1	15	2	
Fissel	221,6	17		17	2	
Ndiass	213,9	16		16	2	
Sandiara	173,8	17		17	1	
Thiadiaye	152,8	16		16	1	
Ndiaganiao	227,3	17	1	18	1	

Source: Inspection départementale de l'Enseignement, Mbour, le 24 novembre 1998.

c) L'articulation des établissements humains de la région de Thiès

L'examen de la matrice des fonctions utilisées pour l'élaboration du Schéma régional d'aménagement du territoire (SRAT) de Thiès donne un aperçu sur le niveau d'accès des populations aux biens et aux services. En effet, si les départements de Tivaouane et de Thiès sont dotés de localités relativement centrales telles que Tivaouane, Mboro, Méckhé, Khombole, celui de Mbour connaît un déséquilibre du fait du poids excessif exercé par Mbour sur l'ensemble départemental. En dehors de Joal-Fadiouth et, dans une moindre mesure, Thiadiaye, qui se situent respectivement aux paliers 7 et 6, les autres établissements humains occupent une position subsidiaire. Ces centres souffrent d'un manque frappant de desserte routière permanente. En outre, la couverture sanitaire est très mal assurée et le niveau d'équipement reste relativement bas.

La capacité financière et de gestion

La capacité financière des communautés rurales

L'analyse concernera essentiellement la mesure des capacités des communautés à trois niveaux: ressources financières, capacité de gestion, niveau de maîtrise du développement local.

a) Les ressources financières[4]

Nous retiendrons trois critères pour évaluer la capacité financière des communautés rurales:

- les recettes par tête d'habitant,
- l'investissement total par habitant,
- la capacité d'autofinancement (investissement propre par tête d'habitant).

Les informations sur la situation financière de la communauté rurale de Fissel ne sont pas disponibles.

Tableau 5.4: Recettes totales (RT) par habitant et part de la taxe rurale en 1996

Communautés rurales	Recettes totales	RT/Hab	Taxe rurale
Malicounda	38.200.000	1034	13,3
Sandiara	11.370.000	603	59,5
Sindia	18.510.000	468	13,6
Ndiaganiao	10.070.000	372	87
Nguéniène	7.470.000	364	81,6
Ndiass	8.940.000	321	9,1
Thiadiaye	8.440.000	294	56,9

Le tableau ci-dessus répartit les recettes totales réalisées par tête d'habitant et indique la part de la taxe rurale sur les recettes totales réalisées par communauté rurale. Il ressort de son examen que les recettes totales réparties par tête d'habitant sont faibles et se situent en dessous de la taxe rurale fixée à 1000 francs, sauf pour la communauté rurale de Malicounda qui enregistre 1034 francs cfa par habitant. Les communautés rurales situées dans l'aire touristique de la Petite Côte réalisent une part importante de leurs recettes en dehors des taxes rurales, celles-ci gravitant autour de 13,6 % à Sindia, 12,3 % à Malicounda et 9,1 % à Ndiass.

Les communautés rurales englobant une agglomération urbaine tirent une partie de leurs recettes des impôts sur le foncier bâti. C'est ainsi que pour l'exercice 1996, des communautés rurales de Malicounda, Sindia et Thiadiaye ont réalisé respectivement: 1.600.000, 120.000 et 130.000 francs cfa. Par contre, les CR situées en dehors de cette zone touristique tirent l'essentiel des recettes de la taxe rurale avec des taux de l'ordre de 87 % à Ndiaganiao, 81,6 % à Nguéniène, 59,5% à Sandiara et 56,9 % à Thiadiaye. Ce constat conforte l'idée selon laquelle le potentiel économique du département de Mbour est essentiellement fondé sur les activités touristiques.

Tableau 5.5: Les recettes des communautés rurales (1993-1996)

Communautés rurales	1993/94	1994/95	995/96
Ndiaganiao	288,83	-24,67	-1,34
Malicounda	71,88	5,82	-13,47
Ndiass	-38,76	99,27	13,76
Sindia	177,06	-3,98	13,54
Nguéniène	306,47	-33,3	-5,37
Sandiara	243,54	-36,23	39,23
Thiadiaye	168,15	-47,01	49,81

L'examen du tableau ci-dessus fait apparaître d'importantes fluctuations des recettes entre 1993 et 1996. Si des taux très élevés ont été enregistrés entre 1993 et 1994, les années 1993 et 1995 sont caractérisées par de faibles réalisations avec notamment des taux négatifs pour la quasi-totalité des communautés rurales. Cependant, la situation de Ndiass est particulière. En effet, cette communauté rurale a connu une forte baisse du taux de croissance des recettes – de l'ordre de 38,76 en 1994, contrairement aux autres CR, mais ce taux a régulièrement augmenté de 1995 à 1996.

En tenant compte du contexte socio-politique du pays, on note que les taux les plus élevés correspondent aux années post-électorales (1994 et 1996)[5]. Les faibles niveaux de recettes enregistrés durant les années des élections présidentielles (1993) et des élections régionales et locales (1995) sont essentiellement liés à des pratiques clientélistes tendant à atténuer la pression fiscale sur les contribuables pour récupérer le potentiel électoral qu'ils constituent. En outre, les baisses de taux de 1995 seraient accentuées par des mesures d'accompagnement prises par le gouvernement pour minimiser les effets induits par l'inflation consécutive à la dévaluation du franc cfa. Il s'agirait, pour les pouvoirs publics, d'alléger la pression fiscale afin de soulager les contribuables, de façon à leur permettre de faire face à l'ampleur de l'inflation ainsi provoquée.

Tableau 5.6: Dépenses d'investissement par tête d'habitant et selon
les communautés rurales (réalisations)

Communautés rurales	Dépenses investissement	Population 1997	Dép./habit.
Malicounda	55.590.000	36.941	1.504,8
Sandiara	8.700.000	18.848	461,5
Sindia	17.700.000	39.592	447,0
Nguéniène	10.740.000	20.536	427,4
Ndiaganiao	7.360.000	27.087	271,7
Ndiass	7.000.000	27.866	251,2
Thiadiaye	6.090.000	28.689	212,2

Ce tableau indique la faiblesse relative des investissements per capita. En effet, le rapport est largement inférieur au minimum fiscal imposé comme taxe rurale fixée à 1.000 francs cfa. Seule la communauté rurale de Malicounda se situe assez largement au-dessus de ce taux avec 1.504,8 francs par habitant, toutes les autres se situant au-dessous de la barre de 500 francs par habitant. Les situations les plus défavorables se présentent dans les communautés rurales situées en dehors de la zone des activités touristiques: Thiadiaye (212,2), Ndiass (251,2), Ndiaganiao (271,7). Les autres dépassent largement le seuil des 400 points. Ces chiffres montrent le faible niveau des investissements dans les communautés rurales, ce qui explique un déficit important en services et équipement de base. C'est pourquoi des zones entières se trouvent dans un état de sous-intégration lié à l'absence des services sociaux de base (éducation, santé, etc.) et à la médiocrité des liaisons physiques entre les aires géographiques différenciées. Une telle tendance pourrait contribuer à accentuer la précarité des conditions d'existence dans un milieu rural déjà très éprouvé par le déficit pluviométrique et les errements de la politique agricole.

Tableau 5.7: Rapport de l'autofinancement sur les dépenses d'investissement en 1996

Communautés rurales	Dépenses d'investissement	Autofinancement	Autofin/dépenses d'investissement
Malicounda	55.590.000	33.850.000	60,89
Sandiara	8.700.000	6.690.000	76,90
Sindia	17.700.000	13.410.000	75,76
Nguéniène	10.740.000	5.960.000	55,49
Ndiaganiao	7.360.000	7.370.000	00,14
Ndiass	7.000.000	6.370.000	91,00
Thiadiaye	6.090.000	5.820.000	95,57

Ce tableau montre que sur l'ensemble des CR, seule celle de Ndiaganiao, qui présente un solde positif, (100,14 %) a une capacité de financer ses actions d'investissement à partir de ses propres fonds. À côté de Ndiaganiao, un groupe de CR se rapproche du seuil de 100 %: Thiadiaye (95,57 %), Ndiass (91,00 %) et, dans une moindre mesure, Sindia 75,7 % et Sandiara 76,9 %.

Cette situation indique la forte dépendance en matière de financement des investissements. Étant donné la faible capacité d'emprunt qui caractérise toutes les collectivités locales, l'État tente chaque année de dégager une enveloppe financière pour soutenir les budgets locaux marqués par un déséquilibre chronique. Les finances locales restent très liées à l'environnement macro-économique du pays marqué notamment par l'insuffisance des ressources propres nécessaires au financement des programmes d'appui au développement local.

Tableau 5.8: L'évolution de la part des dépenses de fonctionnement sur les dépenses totales de 1993 à 1996 (en %)[6]

Com. rurales	1993	1994	1995	1996
Ndiaganiao	62,64	23,38	18,17	26,84
Malicounda	9,35	5,75	6,02	7,26
Ndiass	31,16	13,85	20,22	18,34
Sindia	31,94	22,58	17,74	10,63
Nguéniène	54,74	27,30	14,01	12,33
Sandiara	30,91	34,87	20,32	16,22
Thiadiaye	25,44	24,92	32,87	21,01

Source: Étude sur la fiscalité locale.

L'analyse des parts allouées aux dépenses de fonctionnement par rapport aux dépenses totales montre que les CR du département diminuent de plus en plus la part des dépenses de fonctionnement entre 1993 et 1996. Mais le rapport favorable aux dépenses d'investissements ne signifie nullement que ces communautés rurales investissent assez et qu'elles fonctionnent suffisamment bien pour assurer l'exercice des pouvoirs qui leur ont été concédés par l'État dans le cadre de la décentralisation (loi n° 96-07 du 22 mars 1996). Cette situation se vérifie dans presque toutes les petites villes qui ont encore des caractéristiques rurales. Dans ces communes, les dépenses de fonctionnement sont relativement faibles. Par exemple, en 1997[7] Ndioum présentait 25,3 % et Oussouye 37,4 % des dépenses totales. Par contre, au niveau des communes, surtout celles plus grandes et plus anciennes, les dépenses de fonctionnement y dépassent largement les 50 % (Ziguinchor: 67 %, Bambey: 57 %, etc.) et dans ces proportions, la part allouée aux personnels est en général très élevée.[8]

Capacité de gestion et de maîtrise du développement

i) Des ressources humaines insuffisamment mobilisées

Dans la plupart des collectivités locales, l'essentiel des dépenses de fonctionnement est affecté aux personnels (salaires et charges diverses) ce qui gonfle généralement leurs dépenses de fonctionnement.

Dans presque toutes les communautés rurales du pays, le personnel communautaire se limite, en termes de salaires, aux seules indemnités des présidents des conseils ruraux. Le montant de ces indemnités est calculé en rapport avec la taille démographique de la communauté rurale (le minimum est fixé à 15.000 francs cfa) le reste du personnel étant bénévole. En général, les CR ne disposent pas d'une administration locale performante et apte à accomplir les tâches de gestion.

Par ailleurs, les dispositions du Code électoral (loi n° 96-08 du 22 mars 1996, articles L.189 à L.191) réservent les mandats de conseillers ruraux aux seuls paysans, excluant du coup, les fonctionnaires en service au niveau local. Rares sont les conseillers ruraux qui présentent un niveau d'instruction moyen suffisant pour garantir la capacité technique et intellectuelle nécessaire pour exercer les compétences dévolues aux collectivités locales dans le cadre de la décentralisation. Cela explique la faible maîtrise des budgets communautaires par les conseillers ruraux.

Au plan technique, l'absence de personnels qualifiés (agents d'administration, techniciens en planification et autres techniciens du développement social) au niveau local est un handicap majeur pour la bonne marche des CR. Aujourd'hui, les CR font appel au personnel des Centres d'expansion rurale polyvalents (CERP), en général dotés de cadres représentant les services déconcentrés chargés du développement rural et local tels que l'Aménagement du territoire, la santé, l'agriculture, l'élevage, la planification, etc. Ces personnels constituent ainsi la structure d'encadrement technique du monde rural. Placés sous l'autorité du sous-préfet, ces agents échappent néanmoins au contrôle direct des autorités locales décentralisées, ce qui ne garantit pas souvent l'efficacité de leurs interventions en termes d'appui. En outre, la non-maîtrise de ces agents de l'État par les responsables des collectivités locales cultive auprès de ces derniers le sentiment d'une présence voire de la tutelle des services centraux.

De tous les départements du Sénégal de l'intérieur, c'est dans les CERP localisés à Mbour que les équipes sont les plus complètes, car dans la plupart des cas, on ne retrouve qu'une ou deux personnes autour du sous-préfet.

ii) Les autorités décentralisées et la gestion des terres du domaine national

La loi n° 64-46 du 17 juin 1964 relative au domaine national divisait en quatre zones les terres du domaine national:

- les zones pionnières,
- les zones classées,
- les zones de terroir,
- les zones urbaines.

Pendant presque une décennie, l'application de cette loi a rencontré des difficultés essentiellement liées aux résistances des pouvoirs traditionnels. Mais la réforme de l'administration territoriale et locale de 1972 (loi n° 72-25 du 25 avril 1972) a été un prétexte pour l'application effective de la loi sur le domaine national. En effet, la réforme de 1972 a apporté une grande nouveauté dans la gestion du domaine car l'une des principales attributions dévolues aux élus locaux issus de ladite réforme a été la gestion des terres du domaine national comprises dans les communautés rurales et le règlement des litiges fonciers. Mais l'exercice de cette compétence est resté, dans les faits, entre les mains du sous-préfet. C'est la loi n° 90-37 du 8 octobre 1990 qui va, véritablement, conforter le pouvoir des conseils ruraux en retirant la gestion des terres du domaine des mains du sous-préfet pour les transférer au président du conseil rural.

Cette disposition a engendré de nombreux litiges fonciers entre les communes et les communautés rurales qui les englobent, du fait notamment de l'absence d'un cadastre rural et de l'imprécision des limites territoriales entre les collectivités locales. Les exemples les plus frappants de ces conflits ont été observés dans le département de Mbour.

L'étude des relations ville-campagne entreprise par une équipe interministérielle et coordonnée par le ministère de la Ville en 1994[9] a révélé l'ampleur des conflits liés à l'application de la loi. En effet, il ressort de ce document qu'entre 1976 et 1984, la commune de Mbour a occupé environ

691 ha des terres agricoles de la communauté rurale de Malicounda, soit 63 ha en moyenne par an. L'application de la loi sur le domaine national ainsi que la mise en œuvre de la réforme de 1972 ont entraîné le transfert aux communautés rurales de la gestion des terres. Or, ces terres ont toujours été exploitées, pour l'essentiel, par les agriculteurs urbains, ce qui a occasionné de nombreux conflits fonciers.

Le cas le plus frappant est celui des agriculteurs de Joal-Fadiouth dont la quasi-totalité des champs de culture se trouve dans le périmètre de la communauté rurale de Nguéniène. C'est dans ce contexte que les autorités centrales ont cherché une solution à travers la création (décret n° 80-1106 du 4 novembre 1980) d'un Groupement d'intérêt rural (GIR). Cette structure regroupait la commune de Joal Fadiouth et la communauté rurale de Nguéniène. Son objet était la gestion commune et concertée des terres du domaine national sises dans la communauté rurale de Nguéniène et exploitées par les habitants de Joal Fadiouth. Ce GIR apparaissait, lors de sa mise en place, comme un facteur d'apaisement des conflits très anciens opposant les habitants des deux collectivités locales. Mais le GIR s'est très tôt heurté à des problèmes de fond liés à l'interprétation divergente de l'article 17 du décret le créant. En effet, conformément à cet article, le GIR devient le seul organe compétent pour les affectations et les désaffectations des terres du DN comprise dans la communauté rurale. Il est composé de six (6) membres répartis comme suit: trois de la CR de Nguéniène et trois de la commune de Joal-Fadiouth. Le premier blocage est apparu quand les conseillers ruraux ont pris conscience qu'ils étaient lésés par cette disposition du décret. Ils ont jugé inadmissible que le conseil municipal de Joal-Fadiouth délibère librement sur les questions des terres comprises dans les limites de son territoire communal alors que les conseillers ruraux, privés de leur principale attribution, à savoir la gestion des terres devenue une compétence exclusive du GIR, se sentent inutiles aux yeux de leurs électeurs. Par ailleurs, sur les 23 villages que compte la communauté rurale, 10 ont frontière commune et sont concernés par les conflits fonciers opposant la commune de Joal-Fadiouth à la communauté rurale de Nguéniène.

Le système d'établissements humains de la communauté rurale de Sindia

Nous avons proposé ci-dessus un profil général du département de Mbour. Pour mieux illustrer nos propos, nous allons porter nos observations à l'échelle plus réduite d'une communauté rurale, celle de Sindia, pour montrer comment s'y posent les problèmes passés en revue. Il s'agit, à partir de l'analyse du système d'établissements humains (agglomérations villageoises) de la communauté rurale, de comprendre et de préfigurer l'ensemble des liens que des agglomérations villageoises entretiennent entre elles à l'intérieur d'une communauté rurale.

L'exercice poursuit les objectifs suivants:

- identifier les agglomérations villageoises qui peuvent mieux servir comme centre de production, de commerce et de services pour leur propre population et celle des zones environnantes;
- déterminer l'intensité de liaison de ces localités entre elles et avec les autres centres urbains voisins;
- identifier les zones où l'accès aux services, aux équipements de base et aux opportunités économiques fait défaut.

La communauté rurale de Sindia (ex Nguékhokh depuis l'érection de Nguékhokh en commune en septembre 1996) dépend administrativement de l'arrondissement du même nom. Elle est limitée au nord par la CR de Ndiass, au sud par la CR de Malicounda, à l'ouest par l'océan Atlantique et à l'est par la CR de Tassette. Elle couvre une superficie de 273,1 km^2 avec une population estimée à environ 39.592 en 1997, ce qui représente une densité d'environ 144,97 habitants au km^2. Elle compte 64 agglomérations villageoises.

Le système des établissements humains

Pour analyser le système des établissements humains de la communauté rurale, nous avons retenu les agglomérations considérées comme des villages lors du Recensement général de la population et de l'habitat d'avril 1988. La méthode utilisée pour élaborer un profil significatif de la communauté rurale a consisté à analyser les fonctions urbaines dans le développement rural.

a) La matrice des fonctions[10]

La matrice ordonnée des fonctions présentée dans cette partie a été élaborée à partir des résultats d'une enquête menée en avril 1998 par un groupe d'étudiants de l'Institut de développement économique et de planification pour l'Afrique (IDEP) de Dakar. Cette enquête a été effectuée auprès des autorités locales (sous-préfet, agents de CERP, Conseil rural de Sindia, Conseil municipal de Nguékhokh). Le questionnaire confectionné à cet effet avait pour but de dresser un inventaire complet de tous les services, équipements, activités et infrastructures ayant une fonction économique ou sociale dans chaque agglomération.

Les données recueillies ont été introduites dans une matrice ordonnée comprenant 17 lignes (correspondant aux agglomérations) et 38 colonnes (correspondant aux fonctions existant au moins une fois dans la zone). Le carreau avec un point noir indique la présence de la fonction et le carreau laissé en blanc indique son absence dans l'établissement considéré.

Après plusieurs manipulations des lignes et des colonnes, dont le but était de rapprocher des situations à peu près similaires, nous avons obtenu une image ordonnée à partir de laquelle un classement des fonctions et un regroupement des établissements humains ont été effectués.

Chaque agglomération se caractérise et se définit suivant l'ensemble des fonctions qu'elle exerce sur un territoire donné, en partant des services et équipements de base pour un usage spécifique du monde rural et de petits villages, jusqu'aux fonctions spécialisées destinées à une population plus vaste, celle des agglomérations plus importantes. La centralité d'une agglomération augmente en rapport avec sa capacité à fournir des biens et des services à des populations vivant dans d'autres aires.

La matrice

Les trois premières lignes du tableau indiquent respectivement, de haut en bas:

- la dénomination des fonctions;
- les valeurs des fonctions, calculées en divisant le total de 100 par le nombre de fois que la fonction est présente;
- la fréquence de la fonction.

Les trois premières colonnes indiquent respectivement, de gauche à droite

- la population totale des villages estimée en 1997;
- l'indice de centralité calculé en sommant les valeurs ou les poids des fonctions présentes dans la ligne de l'agglomération considérée;
- le nombre de fonctions dans chaque village.

Si l'on examine l'organisation de la matrice après ordonnancement, on constate que les fonctions sont disposées par rapport à l'importance de l'agglomération. C'est ainsi que les fonctions de base – destinées à l'usage d'une gamme variée de populations – se localisent presque partout. Il s'agit, par exemple, de celles des coopératives de producteurs et des écoles élémentaires. Alors que des fonctions relativement spécialisées sont surtout localisées dans des agglomérations les plus importantes telles que Nguékhokh, Somone et, dans une large mesure, Ngaparou et Sindia.

Par ailleurs, le rapport des agglomérations dans le territoire est fortement déséquilibré. Beaucoup d'établissements humains ne disposent pas d'équipements de base, contrairement à la situation des quatre premières agglomérations (Nguékhokh, Somone, Ngaparou et Sindia) qui concentrent un nombre relativement important de fonctions. Une situation voisine de l'équilibre impliquerait une densification des carreaux à points noirs jusqu'à atteindre la ligne diagonale qui relie la coopérative de Sinthiane à la sous-préfecture de Nguékhokh.

En même temps qu'elle permet une vision synthétique du système d'établissements humains dans la communauté rurale et des disparités marquées dans la distribution des équipements, des services et des activités, la matrice ordonnée des fonctions se prête à un examen plus analytique de ce même système.

La lecture de la matrice montre, par exemple, que l'infrastructure économique d'appui en biens et services pour l'activité agricole (desserte routière adéquate, institut de crédit, matériels agricoles) est presque inexistante dans la communauté rurale. Par ailleurs, les populations rurales localisées dans des villages situés au bas de la matrice (Ndiarméo, Sinthiane, Keur Massouka, Thiafoura, etc.) ont une accessibilité extrêmement réduite à certains équipements et services de base, presque exclusivement localisés dans la commune de Nguékhokh et, dans une moindre mesure, à Somone et Ngaparou.

b) Hiérarchie des établissements humains

La hiérarchie fonctionnelle des établissements humains a été établie à partir de l'indice de centralité, en situant un niveau chaque fois qu'un écart important se manifeste entre une valeur de l'indice et la valeur suivante. Par exemple, Nguékhokh qui totalise 1594 points présente une nette prédominance par rapport à Somone qui compte 744 points. La même observation est faite entre Somone et Ngaparou, Sindia et Guéréo qui comptent respectivement 744, 398, 369 et 232 points. On obtient ainsi cinq (5) niveaux de hiérarchie fonctionnelle:

* le centre intermédiaire,
* le centre communautaire,
* les relais locaux,
* les dessertes locales,
* les localités non centrales.

Dans cette hiérarchie, la situation de Nguékhokh est particulièrement remarquable. En effet, en tant que centre exerçant essentiellement des fonctions intermédiaires (présence de CES-CEMG, marché hebdomadaire, poste de santé, etc.), la ville de Nguékhokh fait partie d'une gamme de centres qui constituent le maillon le plus important dans le système des établissements humains du Sénégal.

De façon générale, les centres intermédiaires ou pôles de croissance sont définis par les fonctions intermédiaires qu'ils exercent. Certes, leur niveau de centralité est souvent faible, mais ils remplissent des fonctions de soutien et d'appui au développement local. Ils abritent des marchés quotidiens ou hebdomadaires où les paysans peuvent écouler leur production et se ravitailler en retour en produits manufacturés venus des grandes villes. C'est à partir de ces centres intermédiaires que les travailleurs ruraux peuvent faire la connaissance des innovations technologiques et renouveler ou réparer leur outillage technologique. Ces villes offrent à la majorité des populations plus de possibilités d'accès à une gamme variée de services.

Par ailleurs, il est important de souligner le soutien que peuvent apporter au monde rural les villes intermédiaires. Elles concentrent en général des fonctions capables de créer des conditions de vie justifiant la présence d'une catégorie de personnel d'encadrement et d'appui pour le bien-être et l'activité productive en milieu rural. (médecins, agronomes, infirmiers, professeurs, instituteurs etc.) Dans le cas spécifique de Nguékhokh, la présence d'une équipe complète de CERP est assez édifiante.

Ces opportunités sont acquises à la faveur de la présence dans ces villes des artisans soudeurs dont l'offre de service est à la portée du plus grand nombre: les réparateurs de charrettes, les artisans fabriquant les outils agraires (houes, hilaires, coupe-coupe, charrues à bœufs, etc.). Cette dernière catégorie est d'autant plus importante que dans la quasi-totalité des villes sénégalaises, grandes ou petites, une forte proportion des actifs relève du sous-secteur agricole.

En tant qu'anciennes escales ou comptoirs commerciaux, beaucoup de ces villes ont su reconstituer leurs fonctions originelles à travers les activités des organismes privés de stockage des produits agricoles dont le rôle dans la commercialisation de la production paysanne est déterminant. Ainsi, l'émergence dans ces villes d'une nouvelle race de traitants apparaît comme un des éléments constitutifs de leur potentiel économique.

Avec la politique destinée à l'extension du réseau électrique, ces villes ont accès à l'énergie électrique. De même, les possibilités d'accès à l'eau courante sont mieux assurées. Toutes ces fonctions ont créé des conditions de promotion sociale et de croissance économique. Elles offrent également de véritables opportunités à leurs propres populations et à celles localisées dans leur arrière-pays voisin.

Les centres intermédiaires, tout comme les autres villes, qu'elles soient métropoles régionales ou villes secondaires, présentent des caractéristiques communes sur les plans de la physionomie et de la morphologie.

Cartes 5.6a : Communauté rurale de Sindia, Courbes de niveau de centralité

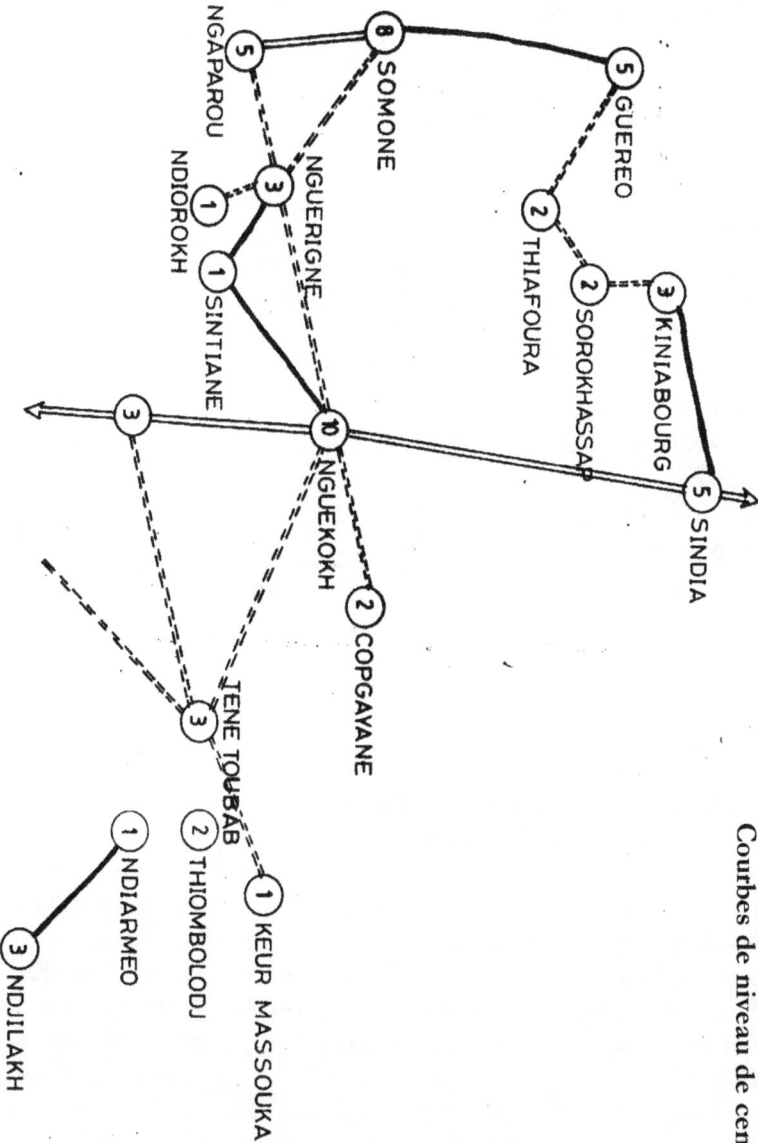

Carte 5.6b: Communauté rurale de Sindia
Courbes de niveau de centralité

Tableau 5.9: Communauté rurale de Sindia: indices de centralité condensés en paliers

Villes et villages	Indice de centralité	Paliers
Nguékhokh	1594	10
Somone	744	8
Ngaparou	398	5
Sindia	369	5
Guéréo	232	5
Tène Toubab	88	3
Gandigal	80	3
Kiniabourg II	63	3
Ndjilakh	63	3
Nguerigne	51	3
Sorokhassap	46	2
Thiombolodji	36	2
Kiniabourg I	26	2
Thiafoura	26	2
Keur Massouka	13	1
Ndiarméo	13	1
Sinthiane	6	1

c) L'articulation des établissements humains

Les indices de centralité calculés dans la matrice des fonctions ont été condensés en plusieurs paliers: 1 à 19; 20 à 49; 50 à 199; 200 à 500; 501 à 1.000 et plus de 1.000. Les écarts entre certaines valeurs d'indice de centralité, la définition des paliers en a largement tenu compte. Ainsi, nous avons dégagé les paliers suivants: 1, 2, 3, 5, 8 et 10. La matérialisation des paliers sur la carte qui accompagne le tableau a été effectuée par des courbes de niveau de centralité. Le fond de plan présentant schématiquement les axes de communication routière reliant les différents villages contribue à accentuer et à préciser l'interprétation de la carte. Cette présentation fait ressortir l'articulation des aires d'influence et la concentration de noyaux reliés entre eux par les voies de communication. L'analyse s'arrêtant au niveau de la communauté rurale de Sindia, le système représenté est assez fermé. On ne perçoit donc pas complètement la gravitation de certains axes sur l'extérieur, par exemple l'impact de la route nationale n° 1 qui est un support précieux de rapports de Nguékhokh avec Mbour et de toutes les agglomérations situées sur son tracé avec la région urbaine de Dakar.

Il ressort de la carte, des courbes de niveau de centralité (chaque courbe de niveau de centralité relie toutes les agglomérations situées au même palier) que l'articulation des agglomérations villageoises, bien qu'en formation encore, présente une disposition favorable à l'émergence d'une aire géographique opérationnelle. En effet, on constate un embryon de noyaux plus ou moins bien élaborés. Il s'agit de la zone tripolaire Guéréo-Somone-Ngaparou, solidement articulée autour de la Somone, zone touristique balnéaire et soutenue par une desserte routière permanente et rapide. Le centre intermédiaire que constitue Nguékhokh tire essentiellement ses avantages de sa position géographique privilégiée (carrefour) et de sa proximité du pôle de développement régional que constitue la ville de Mbour. Par ailleurs, Nguékhokh a été le chef-lieu de l'actuel arrondissement de Sindia et, en même temps, un village centre de la communauté rurale du même nom. À ce titre, elle s'équipe et se développe pour répondre aux exigences des différentes fonctions qui sont à la fois de responsabilité (encadrement technico-administratif) et d'impulsion à la croissance économique de l'ensemble de l'arrondissement.

La configuration des courbes de niveau de centralité dans la partie est de la communauté rurale présente des perspectives d'une émergence d'une zone bipolaire articulée sur les agglomérations de Tène Toubab et de Djilah. Pour atteindre cet objectif dont la finalité est d'assurer l'intégration spatiale socio-économique de toutes les petites agglomérations villageoises gravitant autour de ce bi-pôle, il faut accroître le niveau de centralité de Tène Toubab et de Djilah et veiller à ce que les communications routières soient assurées dans cette aire.

Conclusion

Les données présentées ci-dessus permettent de mieux comprendre les capacités des collectivités locales décentralisées à exercer les compétences qui leur ont été dévolues dans le cadre du processus de décentralisation. Dans leur grande majorité, les communautés rurales du département ont une faible capacité financière. Dans ces conditions, il leur est difficile de prendre en charge, sur le plan technique, les compétences transférées, en raison de l'absence des personnels qualifiés pour les exercer. C'est pourquoi dans la plupart des cas, les autorités locales font appel aux services déconcentrés de l'État (CERP). Cette situation n'est pas spécifique au département de Mbour. Néanmoins, les collectivités locales du département de Mbour ont l'avantage de bénéficier d'équipes complètes au niveau des Centres d'expansion rurale polyvalents (CERP), ce qui n'est pas souvent le cas dans bon nombre de régions du pays. Cette situation traduit l'état de la santé économique en milieu rural. En effet, l'économie rurale est caractérisée par une précarité liée aux conditions naturelles (déficit pluviométrique) et aux contraintes de l'économie nationale. L'activité productive en milieu rural souffre du manque de modernisation. Celle-ci devrait être soutenue par l'émergence de la trilogie agriculture-urbanisation-industrialisation, ce qui est loin d'être le cas. Pour assurer la promotion socio-économique des populations rurales, il est indispensable de soutenir l'activité productive par l'encadrement technique et l'innovation dans l'outillage technologique approprié (création des conditions favorables à l'installation des services techniques d'encadrement en milieu rural, introduction de nouvelles techniques de production et organisation des circuits de commercialisation de la production).

Presque trois décennies après leur création, les communautés rurales ne sont pas parvenues à s'affirmer comme de véritables supports de l'exercice du pouvoir au niveau local. Pourtant, depuis 1972 (loi n° 72 -63 du 26 juillet 1972 portant réforme de l'administration territoriale et locale), l'État a cherché à créer, à travers les communautés rurales, les lieux appropriés de cet exercice. Mais les constats faits jusqu'ici font ressortir que celles-ci ne sont ni viables ni suffisamment fonctionnelles. Cependant, elles demeurent des centres d'émergence de la personnalité politique du monde rural.

En raison de l'inefficacité de leur administration à laquelle s'ajoute l'absence de capacités techniques, les communautés rurales ne présentent aucun signe pouvant permettre d'envisager des perspectives de changements favorables à un développement durable. Enfin, la forte pression des élus locaux sur les pouvoirs publics centraux en vue d'accroître l'autonomie financière des conseils ruraux durant les années 1990, n'a pas suffi pour juguler les difficultés marquées dans la maîtrise du développement local. Au contraire la loi n° 90-37 du 08 octobre 1990 modifiant la loi 72-25 du 19 avril 1972, en cherchant à renforcer l'autonomie financière des communautés rurales, a fortement compromis l'esprit de partenariat établi entre l'administration locale décentralisée et celle déconcentrée. C'est ainsi que l'élaboration et l'exécution du budget de la communauté rurale qui soutenaient cet esprit figurent au centre de ce qu'il convient d'appeler la rupture entre l'autorité décentralisée et l'autorité déconcentrée (conseil rural et sous-préfet).

On observe également la faible implication des populations au processus de prise de décisions en milieu rural. En effet, une fois le conseil rural installé, le pôle de décision et d'exécution est totalement contrôlé par le président du conseil rural et son secrétaire qui, statutairement, n'a rien à voir avec l'administration locale car, jusqu'ici les textes ne prévoient pas un poste de secrétaire. À ces difficultés s'ajoutent les limites de nombre de présidents de conseils ruraux en ce qui concerne les tâches qui leur sont confiées par les lois et règlements.

Le cas de la communauté rurale de Sindia est un exemple qu'il conviendrait de reproduire, dans une certaine mesure, à travers le pays. En effet, il a été remarqué un type suffisamment avancé d'articulation d'établissements humains (en termes de fonctionnalité). Un tel type est fait de noyaux plus ou moins forts et solidaires constituant souvent des facteurs d'opérationnalité des aires géographiques qu'ils structurent et déterminent. Il s'agit alors d'ériger les localités situées aux paliers inférieurs 1, 2 et 3 en localités plus centrales. Pour cela, il faut y implanter des équipements et des services de base, de façon à améliorer le niveau d'accessibilité des populations localisées dans ces centres aux avantages fournis par ces équipements et services en tant que fonctions.

Notes

1. En effet, en raison de la faillite économique du pouvoir central et des résistances par «de haut» aux PAS, le pouvoir local, l'informel et les ONG sont présentés comme les instruments du développement. Les tentatives sont de plus en plus nettes, au sein de la communauté des bailleurs de fonds de contourner les pouvoirs centraux africains, participant ainsi au renforcement de l'idéologie de la décentralisation devenue un instrument de captation des fonds extérieurs.

2. Étude des relations ville-campagne, rapport final, ministère de la ville/mission française de coopération et d'action culturelle, novembre 1994, Dakar.

3. Les données utilisées dans ce chapitre proviennent de l'étude sur la fiscalité locale réalisée par le cabinet CABEX en 1998 et financée par l'ACDI.

4. Prévues en 1995, les élections régionales et locales ont été repoussées en 1996.

5. Source: Direction des Collectivités locales/MINT.

6. L'analyse de la capacité financière des communautés rurales est contrariée par le fait que seuls les comptes administratifs des communautés rurales peuvent donner une vraie image de la gestion et de l'État des finances de ces collectivités. Ces documents ne sont pas disponibles pour la majorité des cas étudiés dans cette contribution.

9. Étude des relations ville campagne, rapport final. Ministère de la Ville et Mission française de Coopération et d'Action culturelle, novembre 1994 – Dakar.

10. A. Campal, *Analyse socio-économique et démographique de la région de Kolda*, Dakar, 1986.

Références bibliographiques

Anonyme: «Analyse socio-économique et démographique de la région de Kolda» MUH, DUA/UTP Dakar, 1986.

Aydalot, PH., 1985, «Économie régionale et urbaine», *Economica*, Paris.

Bendavid, A., 1974, *Regional economic analysis for practionners, an introduction to common descriptive methods* (revised edition). Presager publishers New York, Washington, London.

Campal, A., 1989, «Analyse socio-économique et démographique de la région de Fatick» In *les PDU et le développement local*, pp. 41 à 50, actes de séminaire, Fatick juin 1989.

Daniel, J. M., 1982, *Méthodologie générale: perspective, élaboration des plans et schémas régionaux,* Doc. IDE/ACA, June, Washington, D.C.

DAT/UNDP, 1984, *Schéma national d'aménagement du territoire,* Secrétariat d'État à la Décentralisation, PNUP- DTCD, Dakar.

DAT/UNDP, 1991, Note méthodologique pour l'élaboration des schémas régionaux d'aménagement du territoire, Ministère de l'Intérieur/PNUD, DTCD, Dakar.

DAT/UNDP, *Esquisse du PNAT,* (final version), Ministère de l'Intérieur, PNUD/DTCD, Dakar 1989.

Evans, H., Urban functions in rural development, the case of Potosi region in Bolivia», parts I & II, Washington, USAID, 1982.

Fass, S., 1981, «Urban functions in Upper Volta», final report, Washington, practical concepts incorporated,.

Girhing, TH., 1986, «Analysis of central places in the department of Louga, Senegal. With recommendations for improvement in the spatial system», World Vision International.

Lajugie, J., 1978, *Espace régional et aménagement du territoire,* Paris: Précis Dalloz.

Monod, J., 1978, «L'aménagement du territoire» Collection *Que sais-je?* Paris: Presses Universitaires de France.

Rondinelli, D., 1983, «Applied methods of regional planning: the urban functions in rural development» Clark University/IDACA. (USAID) 1983, 259 pages.

Courrier du CNRS, N° 81 ÉTÉ 1994: la ville;

Kanouté M.B., 1998, *l'analyse du système d'établissements humains de la région de Thiès.* Mém. Diplôme d'Urbaniste: Ecole d'Architecture et d'Urbanisme de Dakar.

Ministère de la ville, 1994, *Etude des relations ville-campagne, le cas de la région de Thiès.* PADDUS/MFAC, Dakar.

6

Mutations économiques et stratégies paysannes dans le bassin arachidier: cas de Birkelane

Rokhaya Fall Sokhna

L'hypothèse première de cette étude, centrée sur les mouvements de populations et les conséquences qu'ils engendrent dans les régions de départ, est que les populations des zones rurales, devant la conjoncture économique défavorable du Sénégal, sont dans l'obligation de s'organiser pour faire face à la situation.

Après avoir ciblé une zone, il faut essayer de dégager les dynamiques de sa population, voir les implications provoquées par celles-ci aux niveaux économique et social et enfin analyser les comportements nouveaux engendrés par tous ces bouleversements.

Le résultat de ces questionnements doit pouvoir s'insérer dans une problématique globale qui est celle de la participation paysanne au développement. Cependant, l'État sénégalais, comme l'a fait avant lui le pouvoir colonial, a tenté d'élaborer depuis les indépendances des politiques pour le développement du monde rural.

La mise sur pied de l'office de commercialisation agricole (OCA) en 1960, du programme d'animation rurale et des centres régionaux d'assistance au développement (CRAD) répondait à cette exigence de développement rural que l'État s'était fixée au lendemain des indépendances.

Cette politique a subi en 1966, des réajustements aboutissant à la mise sur pied de l'office national de coopération et d'assistance au développement

(ONCAD) qui, de sa création à sa disparition en 1980, a été la principale structure étatique intervenant en milieu rural (Caswell 1991).

Au début des années 80, l'État inaugure une nouvelle politique agricole dont «la finalité est de responsabiliser davantage les paysans pour leur permettre de rentabiliser leur production et surtout pour les encourager à fournir davantage d'efforts en direction de l'auto- suffisance alimentaire (Ndiaye 1989).»?

Malgré toutes ces tentatives, la disparité entre monde rural/monde urbain en matière de développement est toujours persistante.

Il est vrai qu'à partir du moment où on peut lui donner une multitude de définitions, le développement doit être perçu comme un phénomène très relatif. Il y a donc lieu de circonscrire le terme, pour lui trouver un contenu assez simple où tout le monde peut se retrouver.

Le développement sera considéré ici, comme un changement de niveau qualitatif aux plans économique, social et politique dans la vie d'une communauté donnée.

La question que l'on peut se poser alors est de savoir si dans les différentes politiques de développement rural élaborées par l'État sénégalais, la promotion de la condition économique et sociale de la population a été correctement prise en charge?

Une politique visant l'accroissement de la production et de la productivité de l'agriculture, sans une prise en compte adéquate de la dimension population, ne peut en aucun cas mener à un développement harmonieux et à la limite, c'est à un renforcement du déséquilibre entre villes et campagnes qu'elle aboutit: exode rural, paupérisation des campagnes et forte pression démographique dans les zones urbaines avec toutes les conséquences qui en découlent.

Comment le milieu rural réagit-il face à la politique de désengagement de l'État initiée après plus de deux décennies d'intervention très marquée dans le secteur?

Le *Saalum*, région arachidière avec des courants migratoires importants depuis le début du 20e siècle et principale zone rurale du Sénégal (Becker, Mbodj & Diouf 1987), pris comme zone d'étude, peut permettre d'affiner notre réflexion et de voir comment la population rurale réagit, s'adapte et ce qu'elle offre comme créneau alternatif face aux problèmes posés par le «mal développement».

Nous circonscrirons notre terrain à l'arrondissement de Birkelane, porte d'entrée du Saalum oriental et des terres neuves du Sénégal.

Ce choix s'explique d'une part, par le fait que la région naturelle du Saalum, avant l'époque coloniale, pendant celle-ci et après les indépendances, a été une terre d'immigration, d'autre part, depuis la crise économique des années

70, elle tend progressivement à être une zone de départ, même si le solde migratoire de la région est encore positif. Enfin, l'arrondissement de Birkelane, par sa position géographique, constitue une zone tampon entre le *Saalum* occidental (Kaolack et le Laghem) et le *Saalum* oriental (Kaffrine et le Ndoukoumane).

Si l'on ajoute à cela le fait que nous soyons dans le bassin arachidier, avec tous les espoirs fondés depuis l'indépendance sur l'exploitation de la graine pour assurer un avenir économique meilleur au jeune état du Sénégal, on peut alors comprendre la pertinence que présente le choix de l'arrondissement de Birkelane, petite unité démographique et économique de ce bassin pour affiner la problématique d'ensemble.

Présentation de la zone d'étude

L'arrondissement de Birkelane comprend quatre communautés rurales: Birkelane, MBoss, Mabo et Ndiognick.

D'une superficie de 1 522 km², l'arrondissement occupe une position particulière dans la région de Kaolack. Il se trouve au centre des arrondissements de Ndoffane (sud-ouest), Kahone (ouest), Malem-Hoddar (est) Colobane (au nord) et Nganda (sud).

À cette position centrale, il faut ajouter le fait que toute la partie nord orientale est adossée à la zone sylvo-pastorale: c'est la porte d'entrée du Ferlo pour le Saalum.

En somme, la zone est une aire de rencontre entre des populations venant du Jolof, du Siin et des régions du vieux bassin oriental.

D'après le recensement général de la population et de l'habitat de 1988, il y était dénombré 75.085 habitants répartis entre 244 villages et hameaux.

Cependant, sur les 244 villages, près de la moitié, ont moins de 200 habitants et la majorité des hameaux et campements sont répartis dans les deux communautés rurales de Birkelane et de Mabo.

Il est important de souligner ce fait, car, dès l'instant où la population d'un village n'atteint pas le chiffre de 200 habitants, ce dernier n'entre pas dans les critères de choix du ministère de l'Hydraulique en matière d'attribution de forage.

L'approvisionnement en eau: un problème crucial

La question de l'eau dans le département de Kaffrine se pose avec acuité. Dans cette zone, la profondeur des puits atteint et dépasse très souvent une cinquantaine de mètres.

À cette difficulté d'accès, l'arrondissement de Birkelane associe une qualité douteuse du liquide, du fait de sa salinité. Ce sont ces deux éléments liés à l'eau: difficulté d'accès et propreté à la consommation qui permettent de comprendre la répartition de l'habitat rural dans cette zone.

L'arrondissement dispose de 13 forages équipés, 4 non équipés, de 244 puits avec de l'eau propre à la consommation, 117 puits avec de l'eau saumâtre ainsi que de 199 puits abandonnés.

Tableau 6.1: Répartition des infrastructures hydrologiques dans l'arrondissement de Birkelane

Infrastructure par C.R.		Forages		Villages connectés	Puits		
C.R.	Nombre de villages	Équipés	Non équipés		Puits abandonnés	Puits fonctionnels	
						Eau Saum.	Eau douce
Birkelane	86	5	2	13	114	73	6
Mabo	69	3	1	5	37	36	114
Ndiognick	47	3	1	4	26	8	90
Mboss	42	2	0	9	22	0	3
Total	244	13	4	31	199	117	244

Source: ONG vision mondiale

Le tableau des infrastructures hydrologiques montre très nettement que l'accès à l'eau constitue un problème au niveau de l'arrondissement et plus particulièrement dans la communauté rurale de Birkelane.

En effet, avec une superficie de 495,8 km^2 et une population de 22489 habitants (recensement général des populations de 1988), cette dernière ne dispose que de cinq forages fonctionnels et de six puits d'eau douce: seuls treize villages sont connectés aux forages, le reste des 86 autres devant s'approvisionner par le biais des six puits.

> Le nombre très élevé de puits abandonnés s'explique par la salinité de l'eau. La communauté rurale de Mabo semble à cet effet bien mieux lotie que celle de Birkelane car même si elle n'a que trois forages, sur les 187 puits dont elle dispose, seuls 37 sont abandonnés, 36 donnent de l'eau saumâtre, alors que les 114 sont propres à la consommation (Birkelane dispose de 193 puits dont 114 abandonnés et 73 fournissant de l'eau saumâtre).

Le secteur de Mboss, situé beaucoup plus au nord, échappe à la salinité de l'eau du fait de son éloignement de l'affluent du bras du Saalum. Cependant, cette communauté rurale est malgré tout confrontée aux problèmes liés à l'approvisionnement en eau au même titre que les autres du fait de la profondeur des puits (70 à 100 mètres) et de la faiblesse des infrastructures hydrauliques (2 forages, 9 villages connectés et 25 puits dont 22 abandonnés et seulement 3 fonctionnels), pour une population d'environ 14616 habitants.

La difficulté d'accès à l'eau potable est d'autant plus grande que les forages fonctionnels sont non seulement en nombre insuffisant, mais encore les motos-pompes qui doivent chercher l'eau parfois à plus de trois-cents mètres sont souvent en panne faute d'une bonne maintenance.

Il y a réellement une insuffisance très nette des infrastructures hydrologiques par rapport aux besoins en eau de la population.

La corvée de l'eau est donc toujours d'actualité dans l'arrondissement de Birkelane, et elle n'est pas sans poser des problèmes annexes. En effet, aller chercher de l'eau parfois à une distance très éloignée constitue non seulement un surcroît de travail pour ceux qui y sont astreints (en général les femmes), mais encore les conditions de transport du liquide affectent très souvent sa qualité.

En période hivernale, les populations pour échapper à cette corvée d'eau, consomment très souvent les eaux des mares, ce qui influe indubitablement sur l'état de leur santé, mettant ainsi en relief un autre problème: celui de la couverture sanitaire de l'arrondissement.

Les infrastructures sanitaires dans l'arrondissement

Le département de Kaffrine ne dispose d'aucun hôpital et l'arrondissement de Birkelane n'abrite pas un seul centre de santé. Il n'y a donc pas de médecin dans la zone où l'on ne trouve que trois sortes des structures sanitaires: postes de santé gérés par des infirmiers d'État, cases de santé dont le fonctionnement est sous la supervision des infirmiers d'État des postes de santé et où travaillent des agents sanitaires, maternités rurales avec des matrones.

Cette indigence en matière de structure sanitaire traduit tout le désarroi devant lequel les populations doivent se trouver dès l'instant où elles sont confrontées à des problèmes de santé; situation qui se présente très souvent dans la mesure où les maladies liées aux problèmes de l'eau sont assez fréquentes dans la zone: maladies diarrhéiques, paludisme et affections cutanées.

Pour une population de plus de 75.085 habitants, il n'y a pas un seul médecin, pas une seule sage-femme, sinon la présence de six infirmiers d'État répartis entre les six postes de santé de l'arrondissement supervisant les quatorze cases de santé fonctionnelles, ainsi que les cinq maternités rurales.

Le tableau faisant état de l'ensemble des structures sanitaires dans l'arrondissement est très éloquent dans la mesure où il montre combien sont limités les soins de santé auxquels les populations peuvent avoir accès.

Tableau 6.2: Les structures sanitaires dans l'arrondissement

Infrastructures		Postes de santé	Cases de santé fonctionnel	Cases de santé Non fonctionnel	Maternités rurales	Total C.R.
C.R.	villages					
Birkelane	86	2	5	8	2	17
Mabo	69	1	2	9	1	13
Ndiognick	47	2	7	4	1	14
Mboss	42	1	0	8	1	1 0
Total	244	6	14	29	5	54

Sources: ONG Vision Mondiale

L'éducation dans l'arrondissement

Le nombre total d'écoles dans l'arrondissement s'élève à 29 pour les écoles publiques dont l'enseignement se fait en français, 49 pour les écoles arabes et 62 pour les écoles coraniques. Seul le chef-lieu de l'arrondissement dispose d'un cours d'enseignement moyen. (CEM).

Le taux de scolarisation assez bas de 18 %, peut se comprendre quand on connaît toutes les contraintes liées à l'éducation. En effet, en dehors du fait que les parents doivent s'occuper de tout ce qui est fourniture (livres, cahiers, stylos et croyons), ce qui représente une somme d'argent considérable pour eux, les distances entre les villages et l'école la plus proche peuvent être des facteurs dissuasifs dans leur volonté d'envoyer les enfants dans les structures d'enseignement public formel. À cela il faut ajouter le fait que, la faiblesse des infrastructures scolaires entraîne la pratique du double flux, ainsi que les effectifs pléthoriques dans les classes.

Toutes ces contraintes ne militent pas bien sûr pour une bonne prise en charge de l'éducation aussi bien par les pouvoirs publics que par les parents. Ces derniers très souvent d'ailleurs gardent leurs filles à la maison et préfèrent leur faire faire les travaux domestiques. S'agissant des jeunes garçons, ceux qui ne réussissent pas à se faire inscrire à l'école du fait du nombre réduit de ces dernières, sont utilisés dans les champs et aident aussi à la recherche de l'eau qu'il transporte grâce aux charrettes.

Tableau 6.3: Infrastructures scolaires dans l'arrondissement de Birkelane

Infrastructures CR	Nombre de villages	Écoles		
		publiques (françaises)	arabes	coraniques
Birkelane	86	11	6	4
Mabo	69	7	15	39
Ndiognick	47	7	15	12
Mboss	42	4	13	7
Total	244	29	49	62

Sources: ONG Vision mondiale

Les activités économiques

L'agriculture est sans conteste l'activité économique dominante dans la région, avec comme cultures principales l'arachide et le mil.

La culture de la pastèque qui semble prendre une importance assez grande, commencée à partir des années soixante-dix, représente une alternative vers laquelle les paysans se sont tournés face aux baisses de rendement de la culture arachidière.

En fait, les types de sol rencontrés (Deck: argileux; Deck – Dior: Limoneux – sablonneux et Dior) ont constitué un facteur favorable à l'exploitation de l'arachide.

Cependant, le cycle de sécheresse amorcé depuis 1970, a atteint de plein fouet Birkelane et sa région. En effet, le déficit en eau se fait doublement sentir dans ce secteur, plus qu'ailleurs au Sénégal, dans la mesure où les cours d'eau permanents y sont très rares.

Ainsi, l'arachide, principale culture de rente a amorcé un net recul et cela s'est renforcé avec la nouvelle politique agricole qui consacre la suppression de la distribution des semences. La tendance actuelle est à la promotion des cultures vivrières: mil, maïs, sorgho, manioc, et pastèques.

Le manioc cultivé au nord, aide à traverser la soudure, tandis qu'au sud, dans la zone de Mabo où le problème de l'eau se pose avec beaucoup moins d'acuité que dans le reste de la région, nous avons la culture du riz, du coton, ainsi que le maraîchage pendant l'hivernage.

La deuxième activité importante dans l'arrondissement est l'élevage. Birkelane et son arrière-pays sont connus pour l'importance du cheptel.

Le nombre de bêtes au km^2 donne une idée de la pression du cheptel sur le terroir. De l'ordre de 133 au km^2 (vision mondiale 1997) en moyenne pour tout l'arrondissement, cette pression est très forte dans les communautés rurales de Mboss et de Ndiognick.

Activité dominante et importante pour les Pël au sein de la communauté Sereer, l'élevage dans la zone de Birkelane est lui aussi, au même titre que l'agriculture, en butte à d'énormes problèmes.

L'entrée du Saalum dans le bassin arachidier au cours de la première moitié du XXᵉ siècle et l'importance de la graine dans l'économie du Sénégal avait fait de cette région une terre d'accueil non seulement pour la paysannerie mouride, mais encore pour celle des régions situées beaucoup plus au nord (Ganjool, Waalo et Njambur).

Cette forte pression démographique et la demande en terre qui l'a accompagné, n'ont pas manqué d'avoir des répercussions sur l'activité pastorale dans la zone de Birkelane, avec une réduction considérable du parcours du bétail et des zones de pâturages.

Si l'on ajoute à cela le déficit pluviométrique des années 70 ainsi que l'acuité de la question hydraulique propre à Birkelane et sa région on peut comprendre la crise traversée par le secteur de l'élevage.

Cette situation se traduit non seulement par une réduction du volume du cheptel, mais encore par une sédentarisation progressive des Pël aux alentours des villages où il y a des forages.

Un autre fait qui mérite d'être mentionné, c'est la tendance des Wolof à associer de plus en plus l'agriculture à l'élevage. Il s'agit plutôt de l'élevage des petits ruminants et ce sont surtout les femmes qui s'y adonnent, profitant de la présence des fanes d'arachides pour la nourriture du bétail.

En dehors de l'agriculture et de l'élevage, le commerce se présente comme une activité économique qui prend de l'importance. Depuis son érection en «escale», le village de Birkelane a polarisé autour de lui, l'activité commerciale de toute cette zone rurale. Le passage des trains offrait l'occasion d'un échange commercial fructueux. Il y a d'ailleurs une certaine nostalgie dans la voix des informateurs, quand ils évoquent cette période de faste économique du village.

Par ailleurs, les grands magasins des libano-syriens aujourd'hui en ruine, les bâtiments des anciennes maisons de commerce français: Chaumet, Maurel, Chavanel et SCOA, ainsi que ceux des traitants Saint-Louisiens, sont des témoins éloquents de cette période faste de Birkelane.

Toute cette activité commerciale était bâtie autour de la spéculation arachidière, la production et la commercialisation de la graine attirant beaucoup de monde. La nécessité de renforcer la main-d'œuvre pendant les périodes de travail intensif a provoqué un mouvement de «migration circulaire» qui se convertit progressivement en migration définitive en fonction de la capacité des zones d'accueil d'assurer des emplois permanents aux migrants» (Lake & Touré 1985: 73).

Cependant, avec le déclin des escales amorcé depuis la fin des années 50 du fait de la réalisation de la collecte au profil du paysan producteur (Sakho 1991: 35), le village de Birkelane dont l'essor économique et l'évolution démographique ont été surtout liés à l'immigration rurale semble être tombé dans une certaine léthargie.

C'est seulement au début des années 80 que le village tente de faire revivre cette atmosphère de foire commerciale qu'il a connue entre les années 1930 et 1950, en instaurant un marché hebdomadaire ou «*Luuma*».

L'instauration des marchés hebdomadaires est devenue une pratique courante depuis une vingtaine d'années dans les zones rurales du Saalum. La plupart des anciens points de traite de l'arachide ont leur «*Luuma*», donnant ainsi l'occasion à tous les villages environnants de faire des échanges entre eux.

Les «*Luuma*» sont aussi le lieu de l'écoulement de la production arachidière vers les circuits non officiels et souvent vers la Gambie voisine.

Certains marchés sont même devenus des points de rencontre interrégionale, et c'est le cas de celui de Birkelane, où se rendent régulièrement des commerçants de Dakar.

En somme, l'arrondissement de Birkelane, du fait de sa situation dans une zone à vocation agro-sylvo-pastorale, est en proie à des problèmes de «mal développement».

Le département de Kaffrine dans lequel il se trouve, même s'il est le deuxième département après Dakar, par l'importance de sa population, fait malgré tout partie de ceux des plus pauvres du Sénégal (Fall, Ndaw, Gaye 1998).

Il serait intéressant de faire après une revue des mouvements de populations enregistrés dans la zone, l'analyse de la situation actuelle pour y déceler d'éventuels germes de transformations d'un type de comportement.

Économie arachidière et expansion démographique

Un regard sur l'évolution historique de la région permet, de comprendre sa diversité ethnique qui, de toute façon, ne fait que confirmer la réputation de terre de brassage des populations collée à la région naturelle du Saalum.

Si l'on en croit les mythes de fondation des villages anciens, Birkelane et Nguer (le chef-lieu de l'ancien canton du même nom) ont été fondés par des Sereer.

Cependant la «dynamique des migrations liées au boom arachidier, a changé la configuration de nombreuses régions. L'intervention européenne a canalisé divers mouvements et contrôlé en partie la conquête de l'espace» (Becker & Mbodj 1994:468).

Ainsi, de manière progressive, toute cette zone de Nguer/Korki, fief du *Buur saalum*, Guedel Mbodj, a été investie par les migrants wolof.

L'arrivée des Wolof se fit en plusieurs étapes, mais les vagues les plus importantes sont à situer après la première guerre mondiale, période où le développement de l'arachide fit du canton un centre économique considérable avec de grands points de traite comme Mboss, Mabo et Birkelane.

C'est durant cette période que le dernier chef du canton, Thiendéla Fall transfère le chef-lieu de Nguer à Birkelane, village qui à partir de ce moment entame sa «modernisation» avec la construction du Secco en 1924, de l'école en 1944, du forage en 1953 (vision mondiale 1997).

Ainsi, l'entrée du Saalum dans le bassin arachidier au début du XXᵉ siècle, s'accompagne de son expansion démographique; comme le note Becker et Mbodj «chez les wolof, d'importants mouvements de migrants viennent s'installer aux confins de nombreux terroirs Sereer, surtout dans le Saalum, au long du chemin de fer, dans la plupart des escales et qui entament une rapide progression vers l'est jusqu'au Sénégal oriental» (1994: 469).

En l'absence de données précises concernant toute la population dans son expansion à travers la zone rurale de Birkelane, l'évolution de l'escale peut nous servir d'exemple.

Si l'on se base sur les sources orales, le village de Birkelane a été fondé vers la première moitié du XIXᵉ siècle par des Sereer. Il relevait du canton de Nguer créée en 1898 au moment où le colonisateur français, dans le souci d'une meilleure rationalisation de l'administration et de l'exploitation économique des nouvelles colonies, a procédé à la division territoriale du Saalum.

Le Canton de Nguer, appartenant à la province du Saalum occidental fut constitué grâce à la réunion de quelques villages appartenant aux cantons de Kahone, du Laghem et du Ndoukoumane (ANS – 13G. 330 dossier n° 157).

Cela montre d'ailleurs son caractère de Canton Carrefour: aux portes du Saalum oriental (entrée de la région qui deviendra la zone pionnière du bassin arachidier) et non loin de Kahone, l'ancienne capitale du Saalum.

Les centres de traite arachidière: Mboss, Mabo, Birkelane et Mbeleup, firent de ce Canton une zone importante du cercle.

Cependant, Birkelane ne connut d'expansion notable qu'avec la ligne du chemin de fer et après la première guerre mondiale, au moment où s'amorce réellement le «boom» de l'arachide.

Le rôle de l'arachide dans l'essor démographique du Saalum a été suffisamment montré par les travaux des chercheurs (Mbodj 1979, Lake & Touré 1984).

Il en ressort clairement que l'augmentation notable de la population de cette région est due pour l'essentiel aux mouvements migratoires consécutifs au développement de la culture de la graine.

Ainsi, l'essor de l'économie arachidière au XXᵉ siècle a pour corollaire le développement des mouvements de populations vers le Saalum.

Cependant, cette migration interrégionale n'est pas la seule conséquence de l'essor de l'arachide.

À l'intérieur du bassin, les nécessités de la production, collecte, vente et transport du produit ont entraîné non seulement la construction d'infrastructures routières (Chemin de fer, routes et pistes), mais encore l'érection de points de traite et d'«escales».

Au niveau du Saalum, la construction du chemin de fer, avec la nécessité en main-d'œuvre qu'elle implique, a été à l'origine de la création de nombreux villages le long des rails. Comme l'affirme Pelissier, «à partir de 1920, le peuplement devient actif le long de La voie ferrée … Chaque station de la voie ferrée est le point de départ d'un chapelet de villages» (Pellissier 1966: 305).

Les villages «escales» ferroviaires ont eux aussi connu un développement considérable par le fait que chaque escale polarisait un nombre important d'autres petits villages ou hameaux.

L'essentiel du poids «démographique des escales a été et demeure étroitement lié aux mouvements migratoires et surtout d'immigration rurale (Sakho 1991: 59).

Il y a donc lieu de souligner le rôle de l'économie arachidière non seulement au niveau des migrations inter-régionales, mais encore dans la répartition de la population à l'intérieur du bassin par le biais des migrations rurales.

L'escale ferroviaire de Birkelane a bénéficié des deux courants. Le passage de la voie ferrée Thiès/Kayes à proximité de ce village Sereer, point de traite des arachides parmi d'autres dans la région, a été déterminant dans son érection en escale.

Si l'on s'accorde sur le fait que «d'érection des escales, concomitante à l'avancée de la pose du rail, marque le coup d'envoi de la fixation des traitants indigènes et Libano-syriens d'abord et ceux des grandes maisons de commerce ensuite» (Sakho 1991: 29), on comprend la raison pour laquelle Birkelane devint le chef-lieu du Canton de Nguer dans le courant des années 20.

L'histoire de l'implantation des différents quartiers qui sont autant d'étapes dans l'expansion de l'espace villageois, peut nous permettre d'avoir un aperçu de l'accroissement de la population.

L'enquête effectuée au niveau de Birkelane (Bah 1998) montre que le noyau originel du village se situe au quartier «Cereer», fief des Sereer, mais où l'on retrouve actuellement d'autres groupes ethniques.

Le quartier «Gaad-gui», fondé après «Cereer», présente aussi une très grande diversité ethnique.

Le nom de «Gaad-Gui» (espace habité par les Maures) est révélateur de l'identité maure des premiers occupants. Nous pensons qu'il s'agit des caravaniers maures très actifs dans le transport de l'arachide de l'arrière-pays vers les points de traite.

Il est subdivisé en sous-quartiers: escale, Forage et «Dartiliba» (c'est-à-dire au sud de la grande route). Quand Birkelane est devenue une «escale ferroviaire», le sous-quartier escale a accueilli les traitants indigènes, les Libano-syriens et autres agents des maisons de commerce. La gendarmerie créée en 1936, ainsi que l'école (1944) se retrouvent dans le sous-quartier escale.

En somme, l'évolution de «Gaad-gui» est assez nette – Pendant une vingtaine d'années, il a accueilli tous ceux qui gravitaient autour de la spéculation arachidière. C'est pourquoi, en dehors des maures, on y retrouve aussi beaucoup de Bambara, descendants des anciens «navétanes» venus du Soudan.

Le sous-quartier «Forage», comme son nom l'indique, doit sa formation à la construction du forage de Birkelane en 1953, tandis que celui de «Dartaliba» prend comme repère la route nationale qui traverse le village et qui a été construite en 1958.

Le troisième quartier de Birkelane est celui de «Santiaba». Dans la langue wolof, «Santiaba», c'est le lieu des résidences récentes.

En fait, ici, «Santiaba» est le quartier fondé par les immigrants wolof à la recherche de terrains de culture. Il est situé au nord de la voie ferrée et est constitué essentiellement de wolof originaires du Njambur, du Bawol et du Kajoor. Actuellement, tous les groupes ethniques présents dans le village y sont représentés.

Les noms et configurations de ces principaux quartiers de Birkelane (Cereer, Gaad-gui, Santiaba) ne permettent certes pas de savoir de manière précise l'évolution démographique du village, mais ils montrent de manière assez correcte son évolution spatiale dont chaque étape peut être considérée comme un moment important dans l'histoire de la localité avec l'arrivée de nouveaux immigrants.

Les chiffres que nous avons sur l'arrondissement peuvent nous permettre d'ailleurs d'appréhender assez clairement l'évolution de la population de 1904 à 1988.

Du début du siècle (1904) à 1930, la population augmente de manière assez timide dans cette zone: 5874 habitants en 1904, 7931 habitants en 1930, soit un taux d'accroissement de 1.6 % (Becker & Mbodj 1987: 85).

C'est entre 1930 et 1958, période que l'on peut appeler l'ère de l'arachide, que Birkelane et son arrière-pays connaissent un vrai «boom» démographique. La population passe de 7931 habitants à 33679 habitants, soit un taux d'accroissement de 5,30 %. Pendant cette période, c'est le taux d'accroissement le plus important dans tout le bassin arachidier oriental.

Cette situation décrite confirme ce que l'on sait sur le glissement du bassin arachidier vers les terres neuves du sud-est.

Grâce à sa position à l'entrée du Saalum oriental, Birkelane a d'abord été le point de chute des premières migrations de la période arachidière. Quand les cantons de Kahone, Gossas et Ngahaye ont fait leur plein de migrants, c'est vers le canton de Nguer/Birkelane dont une bonne partie se trouve dans ce que l'on appelle les terres neuves, que les populations se sont tournées. Le rapport annuel de 1932 (A.N.S, 2G. 32/83) note d'ailleurs que, «l'action administrative doit se tourner du côté de Birkelane, pour y ouvrir à proximité de la voie ferrée, de nouveaux terrains propres à l'établissement des émigrants du Djolof et du Baol dont le courant ne peut continuer à se déverser dans les régions surpeuplées de Fatick et de Gossas».

Si l'on se réfère toujours aux tableaux fournis par Mbodj, Becker et Diouf (1987: 85), on constate que l'expansion démographique s'est poursuivie jusqu'après les indépendances, puisque de 1958 à 1962, la population est passée de 33679 habitants à 43 360.

Cependant, entre 1962 et 1970, elle connaît un recul très net, passant de 43 360 à 39 444.

La reprise se fait entre 1970 et 1976, puisque entre les deux dates, la population passe à 60 436 habitants.

Ainsi, de 5,30 % entre 1930 et 1958, le taux d'accroissement de la population est passé à 3,29 % entre 1958 et 1976.

Cette évolution semble résulter de plusieurs facteurs: il y a d'abord le fait que le bassin arachidier poursuivant son expansion, soit arrivé au cœur des régions orientales, puisant une partie de l'effectif de ses producteurs à l'intérieur des régions situées plus en amont. Si l'on compare les taux d'accroissement de Malem Hodar et Koungheul, avec ceux de Birkelane pour les mêmes périodes (Mbodj 1987: 85), on voit nettement comment s'effectue progressivement l'augmentation de la population en faveur des régions vers lesquelles le bassin poursuit son glissement.

À cela, il faut ajouter le réajustement opéré par l'État sénégalais dans sa politique de développement rural de 1962 (lendemain du conflit Dia/Senghor). Ce réajustement peut ne pas être déterminant dans les questions de dynamisme migratoire, mais à terme son action sur la politique agricole ne manque pas d'avoir des effets sur les mouvements de la population.

Un facteur non négligeable se trouve être le cycle de sécheresse qui a affecté le Sénégal à partir des années 1968 et qui, associé à la baisse des prix payés aux producteurs d'arachides a été à l'origine du «malaise paysan» des années 1969-1973 (Caswell 1984:46).

La zone rurale de Birkelane a atteint les limites de son expansion démographique entre 1930 et 1958, parce qu'à partir de cette dernière date et jusqu'en 1988, le taux d'accroissement moyen de la population qui était de 5,3 % ne fait plus que fléchir. On note même une très forte tendance à la baisse, puisque entre 1976 et 1988, il est de 1,9 % par an (Sakho 1991:184).

Quand on sait que les difficultés de l'économie arachidière se sont renforcées au cours des années 70, on est tenté de lier le tassement du phénomène à la crise du monde rural. Quoiqu'il en soit, même si la zone n'est plus une destination recherchée par les migrants du fait de plusieurs facteurs (dégradation des sols, problèmes de l'eau, réduction des terrains de culture), les stratégies de sortie de crises adoptées par les paysans les poussent malgré tout à une certaine mobilité à l'intérieur des communautés rurales.

Crise du monde rural et nouveaux comportements paysans

Depuis le milieu des années 60, le monde paysan a sans cesse été confronté à de multiples problèmes. Non seulement il faut faire face à une sécheresse persistante, mais encore le mécanisme mis en place par l'État sénégalais pour une organisation du secteur de la production arachidière (principal produit d'exportation) ne semblait pas prendre en compte l'intérêt du producteur qui voit son niveau de vie en stagnation quasi permanente.

Les réponses du paysan devant cette situation se firent à plusieurs niveaux: retour aux cultures de subsistance, recours aux marchés parallèles pour commercialisation de la production, refus de remboursement de dettes contractées ou exode vers les centres urbains (Caswell 1984: 47).

Depuis les indépendances, l'économie arachidière, malgré l'intervention de l'état, est en proie à une crise.

Au début des années 80, celle-ci se révèle d'une ampleur telle, que l'État se voit dans l'obligation de reconsidérer toute sa politique économique. C'est dans ce cadre que l'ONCAD est dissoute en août 1980, que de nouvelles structures d'encadrement voient le jour entre 1980 et 1985 et qu'enfin à partir de 1984, une «nouvelle politique agricole» est mise en place (Mbodj 1992:112).

Les buts avoués de la «nouvelle politique agricole» tournent essentiellement vers une meilleure réorganisation du monde rural qui favoriserait une plus grande responsabilisation du paysan. Cela implique une intervention moins marquée de l'état dans le secteur et un nouveau mode d'encadrement des sociétés de développement rural plus souple et léger.

À terme, la NPA devrait permettre une redynamisation progressive de l'agriculture par l'accroissement et la diversification de la production.

Cependant, dans son application pratique, la NPA désoriente de manière complète le paysan sénégalais habitué à un encadrement étatique rapproché depuis les indépendances (Ndiaye 1989).

Ainsi, quinze ans après le début de son adoption, on ne peut pas affirmer que la NPA. a atteint son objectif. La situation décrite dans la présentation de l'arrondissement de Birkelane ne permet pas de déceler une quelconque amélioration dans la vie de ses populations. Le «mal développement» persistant oblige d'ailleurs le paysan à adopter de nouveaux comportements pour sortir de la crise.

Ces nouveaux comportements sont autant de stratégies mises en place par les acteurs ruraux. Ils vont de l'exode pour la recherche d'un avenir meilleur, à la recomposition de l'espace du terroir en vue d'une exploitation plus adéquate, en passant par l'apparition très marquée des femmes dans la prise en charge des problèmes économiques qui se posent dans les zones rurales.

Exode et émigration

L'exode est la stratégie adoptée par la frange la plus jeune de la population de l'arrondissement.

Dans le rapport de son enquête socio-économique de 1997, l'ONG vision mondiale mentionne en bonne place parmi les problèmes qui se posent à la dizaine de villages où elle intervient, celui de l'exode. Les départs affectent surtout les adolescents non scolarisés qui vont soit à Dakar exercer le métier de bonnes pour les filles et faire du petit commerce pour les garçons, soit en Gambie ou dans les villages de la Côte pour s'investir dans la pêche.

Cet exode des jeunes est un manque à gagner pour la zone de départ dans la mesure où non seulement leur scolarisation est sacrifiée, mais encore ils n'ont aucune qualification leur permettant d'exercer un métier rémunérateur et de revenir s'installer au village.

Dans le questionnaire-village de l'enquête sur les migrations urbaines au Sénégal (EMUS), il a été noté que dans l'arrondissement de Birkelane, les premiers départs vers d'autres horizons remontent à 1970, même si plus récemment, (à partir de 1989) il y a eu une deuxième vague.

Dans un premier temps, la destination principale se trouvait être la ville (sous-entendue ville du Sénégal: soit Kaolack Chef-lieu de région, soit Dakar, capitale du pays).

Cependant, depuis les années 80, la destination a changé et s'oriente de plus en plus vers l'étranger.

L'enquête souligne que les départs concernent la plupart du temps les hommes adultes de 30 ans et plus, même s'il y a quelques cas de femmes adultes.

Les causes qui sont à l'origine de cet exode sont les mauvaises récoltes qui, à la longue, poussent les populations à sortir du terroir pour aller chercher du travail ailleurs.

Cependant, une fois partis, les migrants ne sont plus associés aux décisions (politiques, économiques et sociales) du village.

Dirigé d'abord vers la Côte d'Ivoire, ensuite vers la France, le mouvement est orienté actuellement vers l'Italie et l'Afrique du Sud (Bah 1998).

La conséquence immédiate et la plus visible de ces départs à l'étranger est l'émergence de nouvelles bâtisses dans les concessions familiales. Cependant, contrairement au Fuuta par exemple où les associations d'émigrés sont très actives et se mobilisent pour aider leur terroir d'origine, ici, aucune association d'émigrés n'intervient. Seule la solidarité familiale joue, et l'action des émigrés n'est ressentie qu'à travers l'existence des moulins à mil qui sont très souvent des investissements faits par l'émigré pour permettre à sa famille d'avoir quelques revenus (Vision mondiale 1997).

La plupart de ces moulins sont aux mains de femmes de la famille qui gèrent les revenus qu'ils génèrent au quotidien; tandis que les hommes s'évertuent à rentabiliser les champs dont les sols, avec les multiples sollicitations de la culture arachidière, se sont complètement dégradés.

Il y a lieu de s'interroger ici sur le fait que l'exode des populations n'a pas eu comme conséquence la formation d'associations d'émigrés oeuvrant pour l'amélioration des conditions de vie dans leur terroir d'origine.

Ne peut-on pas lier ce phénomène au processus de formation de tous ces terroirs qui finalement sont tous très récents, contrairement au Fuuta ou au Njambur par exemple, zones où l'on retrouve de vieux terroirs dont les populations sont habituées à une très longue tradition de vie communautaire ?

Certains de ces migrants reviennent parfois et semblent avoir une situation économique meilleure qu'avant leur départ. Ils constituent de ce fait un élément d'incitation au départ pour ceux qui étaient restés.

La vieille tradition de déplacement saisonnier (navétane) existe toujours; c'est un mouvement inter – villageois, et la zone de Mabo où la question de l'eau se pose avec moins d'acuité est encore une destination assez prisée au sein de ce mouvement.

Il est devenu très difficile pour un paysan de compter uniquement sur le produit de la vente de sa récolte pour subvenir aux besoins de sa famille. Comme la plupart des régions du bassin arachidier du Saalum, Birkelane et sa région sont en train de payer la rançon de l'action de ces vagues de migrants dont le travail avait fait les beaux jours de l'économie arachidière: dégradation des sols et déforestation font partie des problèmes majeurs de l'arrondissement. À cela, il faut ajouter la diminution des zones de parcours du bétail sous l'effet de l'extension des terrains de culture à cause de l'appauvrissement des sols d'une manière générale et de l'érosion fluviale (l'action du baobolong) dans les communautés rurales de Mabo et de Ndiognick (Vision mondiale 1997).

En somme, sous l'action de l'homme, l'environnement s'est beaucoup dégradé et la recherche de solution de survie initiée par les paysans a tendance à changer l'aspect du terroir.

Une nouvelle configuration des terroirs

Si l'exode ou l'émigration sont adoptés comme solution par une minorité au niveau des villages, par contre, beaucoup de paysans essaient de se rapprocher des centres assez importants comme Birkelane, Ndiognick et Mabo.

Nous avons déjà souligné le problème que constitue la salinité ou le manque d'eau pour la communauté rurale de Birkelane.

La tendance actuelle est marquée par un afflux de populations qui abandonnent leurs villages soit pour les environs de Birkelane, soit pour Ndiognick ou Mabo.

Ganki, Bouloum, des familles de Ker Ismaïla et de Ngaay se sont toutes récemment établies à Birkelane. (Bah 1998). Il s'agit là d'une conséquence de l'acuité du problème de l'eau. La communauté rurale de Birkelane compte 86 villages qui se partagent 5 forages, 6 puits potables et 73 salés. Il est normal que face à la rareté de l'eau, les populations cherchent à se rapprocher des forages et des puits potables.

Birkelane polarise d'autant plus tous les villages environnants (Diamal, foyer religieux important qui s'est tellement rapproché de Birkelane qu'il en est presque à 1 km, Touba Mbella, grand centre Mouride, Kër Mbouki, village de salins) qu'il essaie de rejouer son ancien rôle de centre de commerce avec son marché hebdomadaire.

Il y a comme une tendance à la dispersion de l'habitat. Le répertoire des localités établi après le recensement général de la population et de l'habitat de 1998 montre nettement cette tendance, avec la multiplication des hameaux installés à côté des villages.

Quand on regarde le tableau des localités de la communauté rurale de Birkelane, on ne peut s'empêcher de remarquer le grand nombre de hameaux qui y figurent: 50 sur les 135 localités répertoriées.

La même remarque est valable pour la communauté rurale de Ndioguick (25 sur 75), celle de Mabo (27 sur 91) et celle de Mboss (20 sur 64).

Les mouvements de populations inter – villageois ne se limitent donc pas seulement à Birkelane. La zone de Mabo est aussi une destination prisée par les villageois du fait de l'existence de plus de terres cultivables. En somme, la rareté de l'eau, alliée à la diminution des terres cultivables, à la dégradation des sols ainsi qu'au rétrécissement des zones de pâturage, (conséquences de l'afflux des migrants du «boom» arachidier) expliquent la configuration actuelle des terroirs: des villages-centres avec forage polarisant tout un ensemble de hameaux qui, sur le plan hydraulique dépendent d'eux. L'arachide a été à la base de l'essor démographique de cette zone de Birkelane; elle en a structuré toute la vie économique et sociale. On constate cependant que les difficultés actuelles de production de la graine stabilisent non seulement l'arrivée d'autres populations et favorisent certains départs (un informateur parle d'un récent mouvement de départ vers la Casamance à partir des environs du village de Diamal), mais encore elles entraînent un redéploiement interne au sein des terroirs, ainsi que l'émergence d'une nouvelle mentalité.

C'est dans le cadre de cette transformation des mentalités des acteurs sociaux qu'il faut situer la naissance des nombreux groupements d'intérêts économiques de femmes.

L'émergence des associations féminines

L'implication de la femme dans le fonctionnement de l'économie au Sénégal a toujours été vue sous l'angle de l'aide qu'elle était supposée apporter à l'homme dans la gestion quotidienne des affaires du foyer et du «travail d'appoint» qu'elle faisait dans les travaux champêtres.

Même si elle est discutable, cette vision s'est renforcée pendant la colonisation avec l'introduction des cultures de rente aux mains des hommes, alors que les femmes se sont surtout «spécialisées» dans les cultures de subsistance en net recul durant la période.

En somme, la monétarisation de l'économie par le biais de la culture de spéculation qu'est la graine de l'arachide, s'est faite au profit de l'homme qui se trouvait être ainsi au centre de cette nouvelle forme de production.

Les femmes n'ont jamais été totalement exclues du domaine de la production. En fait, si on regarde le rôle que la société leur attribue, (gérante de l'économie familiale, agent actif dans la production économique, élément essentiel dans la structuration et l'animation de la vie sociale), on se rend compte qu'elles ont toujours été présentes au sein du système, même si cette intégration n'est pas faite de manière harmonieuse.

Cependant, le domaine dans lequel elles excellent et que les hommes ne leur ont jamais disputé, reste celui de l'organisation de la vie en société. Elles sont au cœur du système, mis en place pour tous les événements marquants de la société (naissance, mariage, baptême et décès). Le volet socialisation de l'individu est pour une grande partie entre les mains des femmes. En fait, ce rôle qui leur est attribué a été à l'origine de l'émergence de certaines formes d'associations qui leur permettaient de se regrouper de manière périodique. Ce sont les «Mbotaay», regroupements de femmes ou de filles appartenant à la même classe d'âge, qui constituaient un cadre d'organisation des cérémonies de toutes les périodes significatives de la vie.

L'intermède colonial n'a pas fait disparaître ces formes d'associations dont certaines, très tôt, ont évolué dans leurs buts, y incluant la notion de rentabilité pécuniaire. Ce sont les associations de tontine dont la plupart étaient, à l'origine, des «mbotaay».

Ces associations ont subi de profondes transformations, dans la mesure où, vers le milieu des années 1980, la plupart d'entre elles sont devenues des groupements d'intérêts économiques.

Quand les femmes ont su que par ce biais elles pouvaient accéder au crédit, elles se sont investies dans ce créneau, transformant ainsi leurs anciens cadres associatifs ou en créant de nouveaux.

Le département de Kaffrine a la particularité d'être celui où l'on retrouve un grand nombre de groupements de femmes.

Le rapport de 1997 du chef du CER. de Birkelane fait état de l'existence de 82 groupements de femmes dans l'arrondissement: 30 pour la communauté rurale de Birkelane, 15 pour Mabo, 11 pour Mboss et 26 pour Ndiognick. Ce foisonnement de groupements féminins dans la zone ne peut être expliqué que par un plus grand dynamisme des femmes de l'arrondissement par rapport à celles des autres régions.

L'explication est à chercher au niveau des multiples problèmes auxquels le bassin arachidier doit faire face: approvisionnement en eau, dégradation des sols, déforestation, en somme tous les facteurs qui sont à la base de la pauvreté que connaît le département de Kaffrine.

La crise économique a entraîné dans le monde rural des difficultés telles que les hommes n'arrivent plus à subvenir correctement aux besoins de leurs familles.

La réponse des femmes face à cette situation a été de s'investir à fond dans les activités de survie économique. Elles ont utilisé leurs anciens cadres d'organisation, les ont modernisés et ont créé par ce biais, de nouvelles formes de solidarité.

On les retrouve ainsi dans tous les secteurs de l'économie de survie de l'arrondissement.

Les cadres associatifs réorganisés deviennent le support de toute l'économie domestique aux mains des femmes. Grâce aux financements octroyés par les projets ou les ONG qui encadrent les groupements, les femmes peuvent s'équiper en moulins à mil ou autres unités de transformations comme les batteuses ou les moulins à pâte d'arachide.

À travers d'autres activités (commerce dans les *«Luuma»*, banque céréalière, artisanat) les associations féminines trouvent aussi des sources de revenus considérables.

Ainsi à Kër Mbouki, par le biais des groupements «Soop Mame Jaara» et «Soop Xaadim», elles sont dans l'exploitation et la collecte du sel marin.

Dans les différents quartiers de Birkelane, il y a des groupements de femmes spécialisés soit dans la transformation des peaux (les Maures de Gaad-ga), soit dans le «tigga-degge» (pâte d'arachides). À travers tout l'arrondissement, les «Mbootay» où l'argent, le mil et autres denrées de première nécessité circulent sous forme de crédits roulants, sont légion. – (rapport d'enquête dans le Saalum, novembre 1997).

Les femmes sillonnent les différents marchés hebdomadaires pour s'approvisionner en mil par exemple, pour le revendre à des commerçants de Dakar qui viennent une fois par semaine ou par quinzaine pour prendre la livraison, et laisser le financement pour la prochaine opération. En fait, ces femmes s'érigent en intermédiaires (les femmes de Diamal: rapport de l'enquête dans le Saalum, novembre 1997).

Le fait qu'elles aient investi les GIE est significatif d'une certaine transformation des mentalités.

Ces nouvelles formes de solidarité apparues avec la crise et prises en charge par les femmes doivent dans leurs conséquences, être lues à deux niveaux: d'abord elles permettent l'élargissement de l'espace féminin dont l'horizon ne se situe plus seulement au village, mais peut atteindre d'autres zones où le GIE va s'approvisionner.

Ensuite, elles font réfléchir à la notion de chef de ménage, car comme mentionné dans le rapport de l'enquête socio-économique de vision mondiale, la majorité des dépenses journalières sont assumées par la femme. L'homme se charge de fournir les céréales de base et toutes les autres dépenses (légumes, épices, vêtements, médicaments et autres besoins) sont effectuées par la femme.

Il y a là une réflexion à mener, en vue d'une redéfinition des rapports au sein du ménage eu égard aux tâches assumées par chacun des composants.

Conclusion

L'arrondissement de Birkelane recèle toutes les caractéristiques d'une région en proie à des problèmes de développement:

- Manque d'eau quasi permanent aussi bien pour les cultures que pour l'approvisionnement correct en eau potable des populations;
- Couverture sanitaire largement insuffisante, alors que du fait des questions liées à l'eau, certaines maladies y sont presque à l'état endémique (maladies diarrhéiques);
- Modicité du nombre des infrastructures scolaires.

À cela, il faut ajouter tous les problèmes qui découlent de la question de l'eau et qui se répercutent sur les deux activités principales des populations: l'agriculture et l'élevage.

Cependant, une incursion dans le passé de la région a montré qu'en fait, cette zone ne s'est pas toujours présentée sous cet aspect.

En effet, sa situation à l'intérieur du bassin arachidier en avait fait à partir des années 1930, une zone de destination très prisée.

Des vagues de migrants sont venues s'y installer pendant cette période, et jusqu'à la veille des indépendances, Birkelane a pu jouer un rôle économique considérable à l'intérieur du bassin arachidier.

Entre 1930 et 1958, l'arrondissement a connu une forte pression démographique (un taux d'accroissement de la population de 5,30 %) consécutive au développement de la culture arachidière.

À partir des années 1970, avec la crise qui affecte le monde rural, Birkelane voit ses activités économiques ralentir de manière considérable, tandis que sur le plan démographique, il y a un tassement; le recensement général de la population en 1988, montre qu'en fait, entre 1976 et 1988, le taux d'accroissement n'est que de 1,9 % ce qui est inférieur à la moyenne nationale.

Les problèmes ayant affecté cette zone rurale ne peuvent pas uniquement être imputés à une politique agricole inadéquate ainsi qu'à une pluviométrie déficitaire.

Il y a lieu d'y ajouter l'action des immigrants de la période du «boom arachidier», action qui a contribué à une déforestation soutenue et à une dégradation de l'environnement.

Tous ces éléments combinés aux résultats encore insuffisants de la politique de l'État sénégalais en milieu rural peuvent permettre de comprendre le «mal développement» de cette zone.

Si les problèmes de l'agriculture y demeurent encore une constante malgré la «nouvelle politique agricole» initiée depuis 1984, on ne peut s'empêcher de remarquer malgré tout une nouvelle dynamique enclenchée par les populations elles-mêmes devant les difficultés qui les assaillent.

La première composante de cette dynamique se trouve être l'exode vers de nouveaux horizons: ainsi, cette région qui, à une période récente a été une zone de convergence de beaucoup de mouvements de populations, devient une zone de départ (même si elle l'est encore de manière timide). En fait, c'est comme si en définitive, Birkelane et sa région n'auraient constitué qu'un lieu d'étape dans les mouvements de populations.

C'est le lieu de souligner aussi le fait que ces terres de migrations liées à l'arachide ne bénéficient pas beaucoup de la seconde vague de migration née des difficultés du monde rural.

En effet, ici, on n'assiste pas à l'instar du Fuuta par exemple à ce phénomène d'associations de ressortissants de tel ou tel endroit travaillant pour sa communauté d'origine. La formation des terroirs est tellement récente qu'il n'y a pas cette solidarité propre aux originaires des vieux terroirs.

La deuxième réponse du milieu rural face aux problèmes peut être perçue à travers une nouvelle redistribution de la population qui donne un autre aspect aux terroirs.

C'est cette multitude de hameaux qui viennent s'agripper autour des villages-centres pour bénéficier de l'approvisionnement en eau.

Enfin, le dernier élément de cette nouvelle dynamique est celui engendré par la transformation des mentalités. Les femmes, par le biais des groupements font irruption au cœur de la vie économique du monde rural.

L'économie domestique étant entre leurs mains, elles acquièrent une plus grande expertise dans le domaine du fonctionnement des organisations, ce qui leur permet de faire des percées dans le champ politique: entrée des femmes dans les différents conseils ruraux de l'arrondissement. (CER de Birkelane 1998).

La sphère publique ne devient plus ainsi en milieu rural le domaine exclusif des hommes, et en même temps la position de la femme dans la sphère privée se renforce puisque de plus en plus, elle devient de fait chef de ménage.

Références bibliographiques

Ba, Sherif Daha, 1998, «Rapport d'enquête dans le saalum» du 19 au 28 octobre.

Ba, Samba Oumar, 1968, «Le Département de kaffrine» *Sénégal d'aujourd'hui, n° 2* novembre.

Barker, Jonathan S. 1987, «Political space and the Quality of participation in Rural Africa: a case from Senegal» *Revue canadienne des études africaines*, 21 (1).

Becker, Charles *et al.*, 1987 «L'Évolution démographique régionale du Sénégal et du bassin arachidier (Sine-Saloum) au vingtième siècle, 194-1976» in *African Population & Capitalism*, Dennis D. Cordell, Joël W. Gregory, (éds): West view Press.

Becker, Ch. & Mbodj M., 1994, «Perspectives historiques» in *La population du Sénégal.* (sous la direction de Charbit Y. & Ndiaye S.). Dakar – Paris D.P.S./CERPAA.

Becker, Ch. & Mbodj M., 1994, «Dynamiques Régionales au XXe» in *la population du Sénégal.* (Sous la direction de Charbit Y. & Ndiaye S.). D. P.S. – CERPAA.

Caswell, Nim, 1984, «Autopsie de l'ONCAD: La politique arachidière au Sénégal». 1966-1980». *Politique Africaine*, juin .

C.E.R. de Birkelane: «Rapport annuel 1997. Arrondissement de Birkelane».

C.E.R.P. n° 001/CERP/Blanc, du chef de CER, du 5 janvier 1998, 17 pages.

CICED/PARMA, «Esquisse d'un document stratégique de développement local du *bassin de Kaffrine*». Dakar, 26 novembre 1997 12 pages.

Cruise, O'Brien, D., 1984, «Les bienfaits de l'inégalité: l'État et l'économie rurale au Sénégal». *Politique Africaine*, juin .

David, P., 1980, *Les Navétanes: histoire des migrants saisonniers de l'arachide en Sénégambie des origines à nos jours,* NEA.

Deveze, J. C., 1996, *Le réveil des campagnes africaines* Paris, Karthala.

Diop, M. C., 1992, (sous la direction de), *Sénégal, Trajectoires d'un état,* Dakar, Codesria.

Direction de la Prévision et de la statistique (Sénégal): *Enquête migration et urbanisation au Sénégal* (EMUS), 1993.

Fall, A. S. *et al.*, 1998, «Les économies domestiques en Afrique de l'Ouest. Étude de cas du Sénégal». Septembre.

Guèye, Ch., «Analyse spatiale des migrations internes au Sénégal 1960-1980.» Université catholique de Louvain. Faculté des Sciences économiques, Sociales et politiques. Département de Démographie 1986 Dakar.

Lamy, A. & Roux J. C., 1969, «Essai de présentation méthodologique pour une étude sur la différenciation rurale dans l'arrondissement de Paos-Koto (Département de Nioro)». *Cahie, ORSTOM*, Série Sciences humaines, 4.

Manuels sur les méthodes d'estimation de la population: Manuel VI, 1971, *Méthodes de mesure de la migration interne*, New York, Nations Unies.

Metge, P., 1968, «Politiques migratoires: les migrations et la transformation de la société rurale traditionnelle au Sénégal» in *Structures traditionnelles et développement* petit pont, éd. Eyrolles.

Metge, P., 1967, «Plan national d'aménagement du *territoire préliminaire*». Ministère du plan et du développement. Direction de l'aménagement du territoire.

Ndiaye, Nd., 1989, «Les politiques de population, migration, urbanisation et crises des zones rurales en Afrique au Sud du Sahara: le cas du Sénégal» Séminaire CODESRIA.

Pelissier, P., 1966, *Les paysans du Sénégal, les civilisations agraires du Cayor à la Casamance.* Saint-Yriex, Fabrègue.

Quesnel, A., 1988, «Les politiques gouvernementales de migrations ou de répartition de la population» in *Population et Sociétés en Afrique au Sud du Sahara* (sous la direction de Tabutin D) Paris, L'harmattan.

Roch, J., 1975, «Les migrations économiques en saison sèche en bassin arachidier sénégalais», Cahier de contrôle l'ORSTOM Série Sciences Humaines, Vol. XII, n° 1.

Rocheteau, G., 1973, *Pionniers Mourides au Sénégal: Colonisation des terres neuves et transformations d'une économie paysanne*, ORSTOM, Dakar.

Sakho, P., Évolution des «escales» ferroviaires du bassin arachidier oriental (Sénégal)» Th. Doct. 3ᵉ cycle, Dakar.

Solages, (de) O., 1997, *Vers un nouveau développement des Tiers-mondes?*, Paris, L'Harmattan.

Tersiguel, Ph. & Becker, Ch., 1997, *Développement durable au Sahel*, Karthala – Sociétés, Espaces, Temps.

Vison mondiale, 1997, «enquête socio-économique dans l'arrondissement de Birkelane» du 23 mai au 21 juillet, 27 pages.

7

Les forges artisanales au Sénégal, d'hier à aujourd'hui

Hamady Bocoum et Alioune Fall

Depuis son indépendance, le Sénégal a élaboré une ambitieuse politique d'encadrement en direction du monde rural dont les objectifs prioritaires étaient d'atteindre rapidement l'autosuffisance alimentaire et de dégager des ressources conséquentes à partir des cultures d'exportation. L'économie politique alors en cours envisageait implicitement le financement de l'industrie par le recours aux profits engendrés par l'agriculture. L'adage populaire «si l'hivernage est bon tout sera bon» rend bien compte de cet état d'esprit. Cette politique volontariste s'accompagna de la création de nombreux organismes étatiques dont le plus important était l'Office National de Commercialisation et de Développement (ONCAD), véritable pierre angulaire du système qui, avec ses nombreuses ramifications, était présent sur l'ensemble de la filière, de l'équipement à la commercialisation.

La sécheresse des années 1980, la crise économique et l'avènement des politiques d'ajustement donneront un coup d'arrêt brutal à cette option. La Nouvelle Politique agricole élaborée à partir de 1984, se veut désormais plus libérale et prône la responsabilité des producteurs. La mise en veilleuse du crédit agricole qui en fut la conséquence la plus importante entraîne le tarissement du circuit d'alimentation de la paysannerie en matériel neuf.

Face à la libéralisation des prix et au coût exorbitant des équipements, les paysans vont se tourner vers l'expertise locale, d'où une revitalisation de la forge dont les artisans vont non seulement prendre en charge avec efficacité la maintenance du parc existant - endiguant ainsi les conséquences préjudiciables de son vieillissement - mais proposer des modèles de substitution par la copie ou l'innovation. Cette évolution, perceptible dans tous les secteurs de la production agricole, est particulièrement vraie pour la culture attelée et le maraîchage où, les petits producteurs, les plus nombreux, font à présent une partie non négligeable de leurs acquisitions auprès des forgerons. À cela il faut ajouter le développement récent des fonderies artisanales qui participent aussi des stratégies de gestion de la crise.

Ces mutations nous serviront de prétexte pour passer en revue l'histoire ancienne et les tendances actuelles, d'un secteur d'activité qui, malgré son potentiel appréciable, ne parvient que médiocrement à peser d'un poids conséquent sur l'économie formelle en raison, sans doute, de choix technologiques pas toujours judicieux et d'un encadrement hésitant. Les deux principaux objectifs de cette étude sont de montrer que d'une part, les artisans du fer ont toujours été, et sont encore, des acteurs économiques performants dont la sollicitation est incontournable dans l'état actuel d'équipement du monde rural, et que, d'autre part, leur capacité d'adaptation leur a permis de s'insérer dans un environnement économique où ils jouent un rôle appréciable.

Les acteurs de la forge artisanale: qui sont-ils? Comment ont-ils évolué?

Au Sénégal, comme dans presque tout l'Ouest africain, le travail des métaux est communément du ressort des forgerons qui apparaissent dans la littérature sociologique comme un groupe endogame et relativement dévalorisé. Cet héritage du passé continue, à influencer considérablement la composition sociologique de la profession, comme l'ont montré toutes les études récentes [1]. Il convient dès lors d'intégrer à l'étude la dimension historique pour mieux camper le sujet et mettre en perspective la nature des relations entre artisans métallurgistes et agriculteurs dans leurs rapports aux pouvoirs économiques et politiques.

Quelques repères historiques

Dans la mentalité collective, les artisans du fer sont généralement considérés comme une «caste inférieure», avec parfois des évitements qui sont à la base d'une ségrégation très mal vécue, surtout au niveau des relations matrimoniales. L'origine de cette division sociale, encore mal connue, fait l'objet de théories contradictoires, qui rendent compte d'une ambivalence certaine, qu'il serait fastidieux de reprendre ici. Il est cependant possible, sur la base des travaux existants, de proposer un cadre général qui met en perspective l'évolution des rapports de dominance entre les artisans métallurgistes et la société globale.

Les mentions les plus anciennes relatives aux forgerons dans l'histoire du Sénégal sont probablement celles qui mettent en cause les *Jaa-ogo*, fondateurs de l'État du Tekrur, dans la vallée du fleuve Sénégal[2]. Durant cette période, dont on peut situer la borne inférieure aux environs du IIIe siècle, la catégorie sociale liée au travail du fer est présentée dans toutes les sources traditionnelles comme étant la plus importante, avec notamment le monopole de la production du fer et le contrôle du pouvoir politique. Les autres États sénégambiens (Waalo, Jolof, Kajoor, Bawol, etc.) n'étant pas encore mentionnés dans les sources historiques, on peut légitimement avancer que la plus ancienne «noblesse» au Sénégal est celle des forgerons.

De même, ce groupe a joué un rôle important dans la dispersion des artisans du fer dans l'espace sénégambien comme en rendent compte les nombreuses mentions dans la littérature ethnographique et les récits historiques se rapportant aux relations entre l'ancien Tekrur et les territoires limitrophes. L'étude de M. Diouf sur les forgerons Wolof et Sereer[3], deux groupes dont les rapports avec la vallée du fleuve ressortent dans toute la littérature historique, met en lumière un aspect relativement neuf des relations de l'aristocratie aux hommes du fer postérieurement à la destitution du groupe *Jaa-ogo*. Ce travail qui porte sur les *Wolof* du *Kajoor* et *Sereer* du *Siin* et du *Jegem*, permet de faire des corrélations intéressantes entre la mise en place des peuplements historiques et le dynamisme du couple «prince-forgeron».

L'existence de ce couple prince fondateur forgeron chez les Wolof, qui constituent avec les *Haalpulaaren* les groupes les plus "castés» du Sénégal, met nettement en relief le caractère récent des préjugés qui frappent les hommes du fer dans ces deux sociétés [4]. Mais au-delà de cette remarque, l'aspect le plus important de cette alliance est la nécessaire présence des hommes du fer dans une société agraire en mutation. En effet, la logique migratoire, qui suppose l'installation définitive sur de nouveaux territoires, exige de la part de ses initiateurs une complémentarité technologique suffisamment variée pour le succès de l'opération.

Le fer, produit indispensable à la maîtrise et à la défense du territoire, vient tout naturellement en tête de cette préoccupation. Les responsabilités ainsi dévolues aux forgerons ressortent d'ailleurs clairement dans toutes les étapes décisives de l'évolution ultérieure du *Kajoor*. À la bataille de *Danki* (1549 ?) qui marque l'indépendance du *Kajoor* vis-à-vis du *Jolof* par exemple, les sept forges du *Kajoor* fournirent l'armement qui permit à *Amary Ngoné Sobel Fal* de remporter la victoire. Les forgerons furent par la même occasion sacrés artisans nobles et associés à toutes les décisions importantes concernant l'avenir du pays. Avec ce sacre, ils jouèrent dès l'origine du *Kajoor* le rôle de régulateurs des conflits sociaux *«en empêchant tout débordement, tous excès des Damel à l'encontre des populations sans défense»*[5]. Cette prééminence des hommes du fer n'est pas simplement due à leur rôle économique majeur mais aussi aux fonctions importantes qu'ils assuraient dans le culte et tout le cérémonial allant jusqu'au couronnement du Damel devant le *Fara-Matal* [6] «*le Damel devait se faire humble devant le chef forgeron, à qui il remettait durant toute la journée le commandement du Kajoor. En fin de journée, le Damel donnait ses présents au Fara-Matal en échange de son pouvoir. Le Fara présente ensuite son équipe des douze enclumes»*.

Il s'agit ici d'une véritable alliance entre le pouvoir politique et les forgerons qui sont, de fait, associés à sa légitimité et à son exercice. C'est peut-être là une réminiscence de leur position politique antérieure dans l'ancien Takrur, car les ancêtres fondateurs de *Matal-Bani* [7] seraient venus du *Fuuta-Tooro* [8].

À la lumière de ce qui précède, ce que l'on pourrait appeler la relégation sociale des forgerons nous paraît un phénomène relativement récent. Au Fouta, il peut être mis en corrélation avec les progrès de l'Islam qui a pu favoriser le «mépris» à l'endroit d'un groupe dont les pratiques professionnelles et rituelles supposent le recours aux croyances traditionnelles.

Dans les sociétés wolof, la question est sans doute beaucoup plus complexe (Diouf 1982, Diop 1982). Mais le triomphe du commerce atlantique y a de toute évidence, définitivement sonné le glas des hommes du fer. Car il a engendré une rupture technologique de tout premier ordre avec notamment la bipolarisation des moments stratégiques de la chaîne opératoire du fer dont les enjeux stratégiques (instances de réduction) sont progressivement transférés en Europe, échappant du coup au contrôle des forgerons. Dès lors, c'est la base économique de ce qui restait de leurs privilèges qui est définitivement compromise. Jadis pourvoyeurs exclusifs, ils vont désormais devoir faire face à la progression de la barre de fer. S'ouvre alors une période de reflux où, comme un rouleau compresseur, l'avancée du commerce atlantique et de la barre de fer vont progressivement condamner les foyers de production dont les derniers s'éteindront au début du XXe siècle après une longue agonie. Le triomphe de la barre de fer rendit superflue jusqu'à l'utilité la production locale. Il dut s'en suivre une ruine économique et une dépréciation sociale des hommes du fer qui se convertirent tous à la forge à partir de quoi, ils vont être progressivement «clientilisés» [9].

Caractéristiques techniques de la forge traditionnelle

Pour bien comprendre la grande capacité d'adaptation des artisans métallurgistes à l'évolution des techniques, il est nécessaire de remonter à une période déjà ancienne, celle du contact avec l'Occident. En effet, contrairement à ce que l'on pourrait penser, l'avance européenne sur l'Afrique dans le domaine de la métallurgie, était fort réduite à la veille de la mise en place du commerce Atlantique. La sidérurgie était pratiquée, aussi bien en Afrique et en Europe, jusqu'au XVIe siècle, à partir du même procédé technique, dit de réduction directe en phase solide. Celui-ci permettait d'obtenir du fer directement utilisable en une seule opération dans une installation que l'usage commun désigne sous le nom de bas fourneau, par opposition au haut fourneau. Ce n'est que progressivement, à partir du XIIe siècle que les européens vont réussir à fondre le fer et à affiner la fonte (réduction indirecte) passant ainsi à une production quasi-industrielle [10].

Ainsi, alors que l'Afrique, malgré une grande diversité d'installations techniques, continuait à utiliser la technique de réduction directe, l'Europe avec le développement des hauts fourneaux, accédera à une production de masse dont les africains feront les frais dès les premiers contacts avec le commerce atlantique car la barre de fer s'imposera très vite comme monnaie de change et entraînera progressivement le recul de la technologie africaine, sans que celle-ci ait voulu ou pu s'adapter en faisant sa propre révolution [11].

En conséquence, la forge traditionnelle est restée essentiellement d'essence rurale, très proche de l'agriculture avec laquelle elle entretenait, et entretient toujours, des relations de dépendance réciproques très fortes. Suivant les périodes historiques considérées, cet échange se faisait soit par prestation de services, soit par échange de produits ou alors par achat pour les périodes les plus récentes. L'équipement traditionnel qui n'a pas, non plus, beaucoup varié du point de vue fonctionnel est lui aussi resté très sommaire et se compose d'instruments simples (enclumes, marteaux, pinces, limes, burins, scies, etc.). Le cœur de l'atelier est constitué par le foyer relié à des soufflets en peaux de chèvre. Mais de nos jours, le soufflet manuel de fabrication industrielle ou artisanale tend partout à remplacer le soufflet traditionnel.

De cette forge rurale sortait le matériel agricole ainsi que les armes blanches. Sa principale faiblesse résidait, pour ce qui est du travail du fer, de l'absence de matériel de soudure. La soudure fer contre fer, la seule alors pratiquée, ne permettait pas la réalisation d'ouvrages importants car en dehors de la complexité de la technique, l'ouvrage était toujours fragile au niveau de la ligne de soudure en raison de la ré oxydation qui s'y développe [12].

Longtemps handicapée par ce problème, la forge rurale a beaucoup gagné en efficacité depuis l'introduction de postes de soudure légers dont la vulgarisation a permis aux forgerons de s'attaquer à la réalisation d'ouvrages plus complexes, comme les charrues. Cette évolution technique permet aujourd'hui aux artisans du fer de se poser en acteurs essentiels de la maintenance et du renouvellement du parc des engins agricoles en usage dans le monde rural.

La culture attelée et le redéploiement des artisans du fer

Aussi paradoxal que cela puisse paraître, c'est l'introduction du machinisme dans le monde rural et le développement de l'agriculture d'exportation, notamment celle de l'arachide, culture de rente par excellence, qui ont permis aux artisans du fer de s'affirmer comme partenaires incontournables, aussi bien au niveau de la maintenance que de la confection d'engins neufs. L'implication des artisans s'est faite en deux étapes relativement distinctes. Des débuts de la culture attelée que l'on peut situer dans la première moitié du siècle, à 1958, début du Programme agricole, on note une implication lente mais constante des forgerons dans la maintenance et la confection de certaines pièces.

Avec la mise en œuvre du Programme agricole et l'option fondamentale de développement de la culture attelée, les artisans du fer vont jouer des rôles de plus en plus importants. Cette période se poursuivra jusqu'au début des années 1980 qui marquent un point d'inflexion significatif de la politique gouvernementale, avec l'arrêt brutal du crédit agricole et le démantèlement des organismes qui en avaient la charge. Le tarissement de l'effort d'équipement qui accompagnait le Programme agricole, sera particulièrement favorable aux artisans du fer qui vont exploiter la brèche ainsi ouverte pour se poser en agents de maintenance incontournables et s'investir de plus en plus fortement dans la confection de matériels de moins en moins inaccessible aux petits agriculteurs.

Des origines à 1958

Cette période qui correspond pour l'essentiel à la situation coloniale est marquée d'abord par des efforts, souvent infructueux, d'introduire la traction bovine. Cependant, pour des raisons liées aux habitudes pastorales et peut être aussi culturelles, les tractions équine et asine vont finir par s'imposer. Le bilan en termes d'équipement de la période est toutefois relativement modeste comme le suggère le récapitulatif exhaustif des équipements injectés dans le monde rural soit: 39800 semoirs (super-éco d'Ulysse Fabre), 3150 houes, 4600 charrettes et 1100 (Haward et Faye 1985).

À l'analyse, il apparaît que l'essentiel de l'équipement est composé de semoirs. Il s'agissait manifestement pour les autorités coloniales d'étendre les superficies cultivées en rentabilisant au mieux la période des semis, très limitée dans le temps. C'est sans doute ici la justification de l'effort porté sur les engins adaptés à ce type d'activité. Il était en effet tentant de mettre à profit, l'abondance et le bon marché de la main-d'œuvre indigène, renforcée par les *nawetaan* [13], pour assurer les aspects les moins contraignants du point de vue du calendrier agricole (cultures et récoltes).

Cette politique de rente basée sur la surexploitation de la main-d'œuvre indigène se souciait très peu des conditions de travail et du bien-être du monde rural qui était simplement mis à contribution pour alimenter les circuits de l'économie de traite. Nous ne connaissons presque rien de la part prise par les forgerons dans l'équipement agricole durant cette période. Mais elle devait se limiter à la maintenance des parties les plus simples des machines car l'administration coloniale a toujours soutenu les maisons de commerce qui, par intérêt, étaient opposées à toute concurrence, surtout informelle.

La mise en œuvre du Programme agricole (de 1958 à 1980)

Cette période est marquée par un effort sans précédent d'introduction de la culture attelée, notamment dans le bassin arachidier et dans le front pionnier. Le Sénégal indépendant veut développer rapidement ses cultures d'exportation pour générer des devises et soutenir l'investissement. Un effort important sera fait pour doter les paysans sénégalais d'un matériel d'attelage varié avec, fait notable, l'introduction massive d'engins de culture, destinés à améliorer les performances et à rendre le travail moins pénible. Il s'agit en particulier des houes, des charrues et des charrettes dont l'acquisition se fera par crédit.

L'étude des sources de l'ONCAD (Office National de Commercialisation et d'Assistance au Développement) permet de se faire une idée de l'ampleur de cet effort d'équipement. De 1958 à 1980, le Sénégal a injecté au niveau du monde rural 272077 semoirs, 339765 houes, 138659 charrettes, 88460 souleveuses et 63359 charrues. Pour mener à bien cette politique, l'État se dote de moyens logistiques considérables par le biais d'organismes spécialisés avec notamment une véritable esquisse d'autonomie technologique (Haward et Faye 1985).

En effet, si durant la période précédente, les équipements étaient pour l'essentiel importés, avec la mise en place du Programme agricole, ils sont maintenant conçus et réalisés sur place par la Société Industrielle Sénégalaise de Constructions Mécaniques et de Matériels Agricoles (SISCOMA) dont les ateliers vont alimenter le monde rural en matériel et pièces de rechange. Pour assurer une utilisation rationnelle des engins et accompagner le changement inéluctable qu'entraînerait leur introduction dans le monde rural, un accent particulier est mis sur la formation des principaux destinataires de l'innovation. À cette fin, plusieurs tentatives sont initiées avec notamment la création de la SATEC qui donnera naissance plus tard à la SODEVA (Société de Développement de Vulgarisation Agricoles), la CFDT (Compagnie Française de Développement des Textiles) puis SODEFITEX (Société de Développement des Fibres Textiles) et enfin la SOMIVAC (Société de Mise en Valeur de la Casamance).

L'ensemble de ce système devait permettre une introduction maîtrisée de l'innovation et une rationalisation des exploitations. Le crédit agricole sera la pièce maîtresse de cette politique dont la mise en œuvre buttera rapidement sur l'irrégularité des remboursements, du fait de la faible capacité de remboursement des paysans, elle même fonction de la qualité de l'hivernage, contrainte difficilement maîtrisable pour une agriculture sous pluie, totalement dépendante des aléas climatiques. La rigueur nécessaire à la viabilité du système de crédit (un an pour les engrais et cinq ans pour les engins) était en effet très difficile à satisfaire dès lors que les débiteurs ne pouvaient compter que sur des revenus irréguliers. À ces contraintes, il faut aussi ajouter, la mauvaise gestion et le poids considérable du fonctionnement d'une ONCAD pléthorique et parasitaire qui vont conduire rapidement au blocage du système qui sera définitivement compromis au début des années 1980. Le déficit du remboursement à la fin de la période s'élevait, en effet, à plus de 30 milliards de Francs cfa.

L'échec du programme agricole entraîne à sa suite l'arrêt de l'équipement du monde rural et la faillite des sociétés qui en avaient la charge. L'ONCAD est dissoute en 1980, tandis que la SISMAR cessait ses activités. L'apport de matériel neuf était désormais compromis, à l'exception notable de la SODEFITEX qui continue à alimenter essentiellement la filière-coton au Sénégal oriental. Il se posait désormais frontalement la question du renouvellement et de la maintenance du parc existant. L'absence d'initiatives gouvernementales d'envergure va laisser le champ libre aux forgerons qui vont investir massivement le domaine laissé vacant.

En termes de bilan, on peut retenir que les forgerons villageois ont joué un rôle essentiel dans la stabilité d'un certain nombre de technologies introduites en milieu rural, notamment, celles basées sur l'utilisation de machines agricoles et de traction animale qui sont les plus concernées. De nombreux programmes ont été mis en œuvre dans le cadre de Politiques agricoles, ou de financement de projets de développement agricole au sens large (SODEFITEX, PIDAC, SONEPI, etc.). Il s'agissait pour les pouvoirs publics d'accompagner la diffusion de procédés nouveaux. Au début des années 60, le slogan «faire passer les forgerons traditionnels de la position assise à la position debout» traduisait les préoccupations des acteurs du développement quant aux capacités des forgerons villageois à répondre positivement aux attentes placées en eux. C'est ainsi que le service national de la Formation Professionnelle Rurale avait mis en œuvre un programme ambitieux de formation des artisans forgerons couvrant les aspects techniques et de gestion. De 1968 à 1979, un nombre important d'artisans avait été formé et équipé. Ils venaient de: Casamance (149), Diourbel-Louga (67), Sénégal Oriental (49), Sine Saloum (157) et Thiès (58), soit un total de 480 artisans. Il s'est avéré par la suite que les forgerons artisans formés ne sont pas restés dans leur terroir d'origine. Il y a eu exode, en rapport avec leur niveau de technicité élevée et l'étroitesse du marché local.

La faillite du Programme agricole et le redéploiement des forges

L'implication des artisans du fer dans la filière s'est faite de manière quasi spontanée pour des raisons surtout historiques. La forge sénégalaise étant fondamentalement d'essence rurale, les artisans, n'ont jamais vraiment été absents des filières-équipement et maintenance. L'informel aidant, ils ont toujours été d'un apport considérable à la maintenance du matériel d'où certaines initiatives, du BIT notamment, pour assurer la formation de certains forgerons aux techniques modernes; la soudure en particulier.

Ainsi, c'est essentiellement en raison de l'expertise des forgerons que le parc sera maintenu et parfois renforcé comme le signalent Havard *et al.* (1985). L'apport des artisans est particulièrement sensible à quatre niveaux:

- les réparations;
- la confection de pièces de rechange;
- la restauration de matériel usagé;
- la confection de matériel neuf.

L'étude du niveau d'implication des artisans du fer dans ces différents domaines rend compte d'un dynamisme remarquable sans lequel l'effondrement de la production agricole serait beaucoup plus significatif qu'il ne l'est aujourd'hui. Les petits producteurs n'ayant pas les moyens d'acquérir du matériel neuf, malgré les efforts de redéploiement du crédit agricole, c'est la forge artisanale qui alimente, et entretient de nos jours, l'essentiel de l'équipement agricole du monde rural. Les études disponibles, malgré leur caractère limité, sont particulièrement significatives à cet égard.

Ainsi, d'après l'étude de M. Gaye (1988), la réparation constitue 39% des activités du groupe étudié, contre 27% pour les pièces détachées et 15% pour la rénovation. La rénovation, particulièrement importante au niveau des répondants de cette enquête rend compte, pour une seule campagne, de la remise en état de 491 houes sine, 71 décortiqueuses, 54 hararas et 47 houes occidentales. Cette activité est pratiquée par plus de 85% des forgerons interrogés.

Au niveau des coûts d'acquisition également, les prix pratiqués à la vente par les artisans défient toute concurrence, comparativement à ceux qui sont proposés par l'industrie, comme on peut le constater à la lecture du tableau 7.1 :

Tableau 7.1: Le coût comparatif entre les artisans et l'industrie (en FCFA)

Type de machine	Artisanale	Industrielle
Houe-sine	17 000	51 000
Houe occidentale	10 000	28 400
Arara	16 000	67 380
semoir	20 000	84 000

Cependant, pour pouvoir afficher ces prix, il est avéré (A. Morice, 1982) que les artisans réagissent plus en fonction de la concurrence et de la fluctuation de l'offre et de la demande qu'à une structure de prix rationnelle. Ils sont aidés en cela par le fait que la main-d'œuvre est généralement gratuite en raison de l'utilisation d'apprentis non rémunérés, ce qui s'inscrit parfaitement dans le système traditionnel d'apprentissage.

Malgré tout, il est incontestable que la paysannerie sénégalaise doit beaucoup aux artisans du fer qui sont parvenus à occuper la place laissée vacante par la faillite du programme agricole. Sans eux, il aurait été impossible de maintenir le parc existant en l'état et la ruine de la paysannerie aurait été totale. Les politiques d'ajustement ainsi que la dévaluation du franc cfa n'ont fait que renforcer cette position, malgré les problèmes innombrables auxquels la profession est confrontée.

Dans le domaine plus restreint du maraîchage, les forgerons proposent également la quasi-totalité de l'outillage de base à l'exception des pulvérisateurs (bêche, râteau, sceau, transplantoir, serinette, fourche à fumier, binette, machette, pelle, etc.). Les fonderies et les forges, ont ces dernières, années poussé comme des champignons aussi bien en secteur urbain qu'en zone rurale. Ce développement à été rendu possible par la disponibilité d'une matière première bon marché et relativement abondante (récupération d'emballages, de véhicules accidentés, de rares tôles industrielles). S'appuyant sur une expertise locale composée pour la plupart de forgerons de souche, les ateliers actuels, avec une production très diversifiée, sont une véritable bouée de sauvetage pour les petits producteurs et les citadins frappés de plein fouet par la crise.

Analyse de deux cas: Bignona en Basse Casamance et la région de Tambacounda

En l'absence d'études globales, nous présentons sommairement deux études de cas pour illustrer notre propos. Réalisées dans des zones relativement enclavées, ces études permettent cependant d'évaluer avec encore plus d'efficacité, l'apport des forges rurales dans la maintenance du matériel agricole.

Le cas de Bignona (Basse Casamance)

Les activités de forge sont très développées dans le département de Bignona qui regroupe 73 % des forgerons de la région. Ils sont pour la plupart des fils du terroir (61 %). La forge n'est pas une activité exercée à plein temps même si elle est une tradition familiale pour 80 % des forgerons recensés. L'agriculture constitue l'activité principale pour 51 % des forgerons alors que 47 % pratique l'agriculture comme une activité secondaire. Il faut dire que dans les conditions actuelles, la forge ne suffit pas à régler les besoins alimentaires des familles. Leur niveau de technicité n'est pas des plus élevés. En effet, seuls, 7 % d'entre eux ont reçu une formation spécifique, la transmission lignagère étant la méthode d'apprentissage la plus courante, ce qui confirme l'importance de l'appartenance à une famille de forgerons pour la pratique de cette activité (72 % des forgerons ont appris le métier ente 5 et 15 ans). Cette situation s'explique selon les artisans par le manque de participation à des sessions de formation, les problèmes de (54 %), l'âge (33 %) des candidats, la précarité sanitaire, l'isolement, le manque d'information, etc. Les forges sont en général très mal équipées, avec une forte demande en marteaux, soufflets, scies, et enclumes. Les matières premières les plus utilisées sont les lames d'amortisseurs de camions, les fers de construction, et autres matériaux de récupération.

Trois types de forgerons apparaissent: les fabricants d'outils manuels (59 %), les forgerons orientés sur le matériel de culture attelée (35 %) et les forgerons capables de réparations complexes. Parmi ces derniers, seuls 2 % pouvaient faire une soudure avec des appareils modernes. Le mode de facturation identifié, au nombre de quatre, est en grande partie fonction du type de client (ordinaire, ami, parent, tuteur): gratuité du service, en nature, en argent, tarif préférentiel. La clientèle ordinaire représente la source monétaire la plus importante alors que la facturation des clients «amis» ou «parents» est généralement une combinaison de gratuité, et de paiement en nature (sous forme de travaux agricoles ou de cession d'une partie de la production à la récolte).

L'exemple de Tambacounda

Une enquête non exhaustive menée par l'Inspection régionale de l'agriculture a dénombré 116 forgerons localisés dans 45 villages à travers la région de Tambacounda. Ils sont répartis comme suit par département: 15 à Tambacounda, 52 à Kédougou, et 49 à Bakel. Ces forgerons se regroupent de plus en plus en Groupements d'Intérêt Économique (GIE) ou forment simplement des associations inter villageoises de 10 à 40 membres. Le GIE de Benkadi de Koutiary, par exemple, est composé de 10 forgerons localisés dans les villages environnants tandis qu'à Salémata, ils sont au nombre de 40. Une enquête plus approfondie auprès de 19 forgerons choisis au hasard dans les trois départements, a montré qu'ils représentent globalement une catégorie sociale «castée». La connaissance se transmet de père en fils et les apprentis qui travaillent dans les forges sont souvent des parents très proches (pas forcément originaires du village d'implantation). L'amélioration de la qualité des services rendus pourrait avoir un effet positif sur la production agricole. En plus de la confection d'outils manuels (37 % des forgerons rencontrés), ils s'occupent de la maintenance du matériel agricole avec des moyens (outils de forge) souvent rudimentaires: changement des pièces travaillantes (soc, patte d'oie, etc.), confection de pièces d'usure (contre sep, talons, bagues et axes de roues, etc.) à des fréquences pouvant aller jusqu'à deux fois par an, en rapport avec la qualité des matériaux de fabrication utilisés. Seuls les forgerons à plein temps font de la facturation monétaire alors que les autres pratiquent la prestation de services.

Il est aussi à noter que dans les centres semi-urbains, l'appartenance à la «caste» est encore déterminante dans la pratique de la forge. Par contre, dans les grands centres urbains, il existe une plus grande diversité dans la provenance des forgerons qui appartiennent à différentes catégories sociales. Dans ce dernier cas, le nom de forge est d'ailleurs souvent troqué contre celui d'atelier. Celui-ci est mieux organisé, plus équipé et plus spacieux. Les activités y sont plus développées et ne se limitent pas uniquement aux matériels agricoles. En effet, le niveau de formation des chefs d'atelier» rencontrés est plus élevé que ceux des forgerons classiques. Ils ont souvent pu bénéficier de sessions de formations organisées par les ONG et les sociétés de développement au niveau de centres spécialisés. Ils arrivent à fabriquer des matériels agricoles complets à bon prix (réduction de 25 % à 30 %), mais de qualité souvent inférieure à celle des industrielles comme la SISMAR ou URPATA-Sahel.

En résumé, malgré ces limites, il est donc incontestable que la paysannerie sénégalaise doit beaucoup aux artisans du fer qui sont parvenus à occuper la place laissée vacante par la faillite de la politique agricole. Sans eux, il aurait été impossible de maintenir le parc existant en l'état et la ruine de la paysannerie aurait été totale. Les politiques d'ajustement ainsi que la dévaluation du franc cfa n'ont fait que renforcer cette position, malgré les problèmes innombrables auxquels la profession est confrontée.

Dans le domaine plus restreint du maraîchage, les forgerons proposent également la quasi-totalité de l'outillage de base à l'exception des pulvérisateurs à savoir la bêche, le râteau, seau, le transplantoir, la serinette, la fourche à fumier, la binette, la machette, la pelle, etc. Les fonderies et les forges ont ces dernières années poussé comme des champignons aussi bien en secteur urbain qu'en zone rurale. Ce développement à été rendu possible par la disponibilité d'une matière première bon marché et relativement abondante (récupération d'emballages, de véhicules accidentés, de rares tôles industrielles). S'appuyant sur une expertise locale expérimentée et composée pour la plupart de forgerons de souche les ateliers actuels, avec une production très diversifiée sont une véritable bouée de sauvetage pour les petits producteurs et les citadins frappés de plein fouet par la crise.

Quelles perspectives pour l'artisanat du fer au Sénégal?

Le rôle important joué par les artisans métallurgistes dans la maintenance et la confection de produits divers, touchant pratiquement à tous les secteurs d'activité est une réussite exceptionnelle qui mérite d'être prise en compte de manière plus systématique. Nous partageons ici l'opinion de M. Diouf (1982) pour qui, «des paysans Sénégalais ont choisi la voix de la raison en se fiant à leurs artisans, plutôt qu'une mécanisation inadaptée et trop chère des cultures. Cette attitude très sage leur a permis de vaincre ce géant qu'est la SISCOMA, en même temps qu'ils obligeaient la SODEVA à changer plus ou moins d'attitude à l'égard des paysans en se ralliant peu à peu à eux».

Pour rattraper cette erreur, nous savons que la SODEVA avait mis en place un programme d'encadrement et d'équipement des forgerons par le crédit. La principale innovation de ce programme était de mettre à la disposition des forgerons d'un matériel de soudure adéquat. Mais la mobilité de ceux-ci et les difficultés de remboursement ont depuis longtemps conduit le programme dans l'impasse.

Ce nouvel échec illustre l'inefficacité des politiques d'encadrement mise en œuvre et pose la nécessité d'un engagement de l'ensemble des acteurs. Les forges, aussi bien rurales qu'urbaines, ayant prouvé leur efficacité dans un contexte peu favorable et en dehors de tout encadrement étatique, il est possible de les renforcer en contribuant à l'édification d'espaces de travail plus adaptés et en favorisant la confection de produits mieux élaborés. Sans prétendre à l'exhaustivité, il nous semble que les efforts devraient s'orienter dans certaines directions.

La question du crédit agricole

L'échec de politique d'encadrement et surtout d'équipement des forgerons est dû, au moins, à deux facteurs essentiels. Le premier, qu'ils partagent avec les agriculteurs, est inhérent aux difficultés de remboursement. Il devrait à l'avenir faire l'objet de plus d'attention, car il ne sert à rien d'accorder un crédit à un acteur économique sur lequel on n'a aucun moyen de pression en cas de défection. Les organisations paysannes pourraient être à cet égard des partenaires plus fiables.

Le problème de la mobilité

Le second problème est relatif à la mobilité des forgerons, une tradition qui a de profondes racines culturelles. Car l'histoire des artisans du fer est faite de migrations définitives ou temporaires en fonction des opportunités du moment. Nous avons déjà montré le rôle qu'ils ont joué dans les migrations anciennes. Or ils le poursuivent aujourd'hui encore en suivant les marchés hebdomadaires ou en allant exercer leurs talents dans des localités dépourvues de forgerons. Pour n'avoir pas pris en compte cet aspect de la question, la SODEVA a investi en pure perte car tous les postes de soudure supposés fixes, suivant un maillage rationalisé, se sont retrouvés itinérants sur des véhicules hippomobiles. En conséquence, à l'avenir, il faudrait introduire la variable mobilité dans les programmes d'équipement en direction des forges rurales.

L'amélioration de l'équipement

La principale difficulté rencontrée par les artisans, ceux du fer en particulier, est l'acquisition d'un poste de soudure. Sur la base des études disponibles (Gaye, 1988), il apparaît que l'absence de matériel de soudure constitue le principal obstacle à la performance des forgerons. La résolution de ce problème devrait aider à la mise en place d'un système de maintenance plus performant et moins onéreux (gain de temps en particulier). En effet, une bonne maîtrise des soudures permettrait à la plupart des forgerons, une fois résolu le problème des entrants et de la formation, de réaliser les modèles d'engins agricoles les plus simples (houes par exemple) et d'assurer une maintenance correcte du parc. Car les autres composantes de l'équipement sont relativement simples et souvent disponibles chez la plupart des fournisseurs.

L'approvisionnement en matières premières

Comme pour l'aluminium, l'obtention du fer se fait à partir des garages et des dépotoirs. Cependant, la récupération étant beaucoup moins sélective, il règne une abondance relative de matières premières, sauf pour des commandes très spécialisées. Les zones de collecte sont les mêmes que pour l'aluminium.

Dans les garages, toutes les parties en fer non réutilisées par les tôliers de service peuvent intéresser les forges artisanales qui, suivant la nature de l'ouvrage qu'ils ont à réaliser, sélectionnent la partie qui convient le mieux. Les amortisseurs de camions sont particulièrement recherchés car ils constituent un bon support pour la confection des instruments aratoires (lames, houes, haches, coupe-coupe etc.). Ils sont aussi utilisés pour la réalisation de certaines parties des engins de culture attelée.

Les décharges sont aussi visitées par des collecteurs qui sont rarement de la profession. Les objets récupérés dans les décharges le sont souvent à partir de critères assez sélectifs. Les carcasses d'appareils électroménagers ainsi que les chaudières sont particulièrement recherchées car elles servent de support pour la fabrication de compresseurs utilisés dans la soudure.

La mise en place de caisses municipales bien gérées pourrait constituer, à défaut d'un circuit de ravitaillement bien organisé, une solution partielle aux problèmes d'approvisionnement.

Les problèmes de santé publique posés par la récupération

La récupération et surtout le travail de certaines pièces peuvent, dans certains cas, poser de graves problèmes de santé publique. En effet, outre le fait que les artisans ne prennent aucune précaution particulière, quand il s'agit par exemple de séparer un produit métallique de son emballage plastique ou de son contenu chimique par calcination, des risques encore plus pervers, parce qu'invisibles existent.

Nous voudrions à cet égard signaler le cas des métaux lourds, comme le plomb, que l'on retrouve en association avec l'aluminium dans de nombreuses pièces et qui n'est pas éliminé lors de la fonte des pièces. Quand on sait que l'aluminium est surtout utilisé pour la confection des ustensiles de cuisine, on se rend facilement compte de l'ampleur des risques potentiels pour les utilisateurs. Pour se convaincre de l'importance de ce risque, il suffit de prendre en considération la nature de la cuisine sénégalaise, très riche en friture, opérations au cours desquelles les ustensiles sont fortement chauffés et la pratique qui consiste à les récurer avec de la limaille de fer, dont l'effet est de créer des usures qui peuvent contribuer à mobiliser les métaux lourds pris dans la masse alumineuse.

Conclusion

Avec le désengagement de l'État, les artisans du fer comme les agriculteurs, sont obligés de prendre en charge leurs équipements. Cette politique a conduit plusieurs artisans à évoluer rapidement vers des quasi-manufactures par le financement privé ou l'aide au développement, surtout avec les ONG. Il est donc certain que l'artisanat du fer connaît déjà des modifications importantes. Le dynamisme actuel de la forge au Sénégal et un peu partout en Afrique, montre qu'il est parfaitement possible, dans ce domaine, de faire confiance à l'expertise locale pour résoudre les problèmes d'équipement dans la filière agricole. Mais pour y arriver, l'État doit rompre avec les greffes, sans lendemain, de techniques onéreuses à l'importation et inadaptées à la pratique.

Le mythe de l'industrialisation au pas de course adopté par la plupart des pays africains au lendemain des indépendances s'avère aujourd'hui inopérant car, les notions de développement et d'industrialisation s'avèrent, à la pratique, beaucoup plus complexes que la simple importation de biens d'équipement et d'unités industrielles clés en main. Elles ont de même une dimension socio-culturelle malheureusement souvent omise d'où les nombreux éléphants blancs qui attestent de nos rendez-vous manqués avec l'industrialisation.

Il y a donc lieu d'initier une stratégie de rupture par la prise en compte des véritables forces sociales porteuses de progrès. Il s'agira comme le fait remarquer avec beaucoup de pertinence (Diagne 1992:3) «d'apporter l'innovation technologique au plus près de l'économie urbaine, celle qui est désignée habituellement sous le nom de «secteur informel» et dont on voit qu'elle développe une créativité ... Et en faire autre chose qu'une simple économie de survie.»

Les enquêtes menées dans tout le Sénégal pour évaluer l'état du parc de matériels agricoles à traction animale ont montré que les forgerons ont joué un rôle essentiel dans son maintien en état de fonctionner. En effet, vingt ans après l'arrêt du Programme agricole (1980) qui était la principale source d'approvisionnement en matériels agricoles du monde rural, le parc ne s'est pas effondré pour autant. Les forgerons ont plutôt réussi à multiplier par cinq la durée de vie comptable de la plupart des équipements utilisés. Actuellement, les paysans sont surtout confrontés à des problèmes de renouvellement avec le vieillissement du parc et au manque de services de qualité rendus par les forgerons villageois, en rapport avec la complexité de certaines pannes. Ils parcourent souvent de grandes distances pour trouver des solutions à ces types de pannes, ce qui n'est pas sans conséquence dans le respect de l'exécution du calendrier cultural. L'exemple des paysans localisés dans le département de Bignona illustre bien cette situation car ils sont obligés de parcourir 20 à 300 km pour la réalisation des soudures de timons de charrettes et environ 18 km pour l'acquisition de pièces d'origine (Fall 1997).

L'avenir semble dépendre de la constitution d'un réseau opérationnel qui permettrait aux forgerons de devenir des membres à part entière des circuits de maintenance et d'autres organisations socio-professionnelles afférentes à la culture attelée. Un tel réseau contribuerait à améliorer les relations usine de fabrication de matériels et forges villageoises, pour un meilleur approvisionnement de ces dernières en matières premières et en pièces de rechange. Une formation adaptée aux besoins locaux et aux catégories de forgerons élèverait le niveau technique général, donnant aux forgerons un potentiel de gains financiers réels sur un marché mieux structuré par le réseau. Avec l'avènement des mouvements paysans, caractérisés par un renforcement de leurs capacités de négociation, les forgerons devraient être considérés comme des organisations paysannes à part entière.

Annexe par Hamady Bocoum

Émergence et développement des fonderies artisanales

L'introduction des fonderies artisanales qui concerne essentiellement l'aluminium est relativement récente, mais elle a connu un développement exponentiel au Sénégal et en Afrique. D'après l'enquête de A. Morice (1982), les premières fonderies seraient apparues au Dépôt de Thiès vers les années 1940 pour ensuite essaimer rapidement à travers le pays. Suite à cette initiation, la forge traditionnelle prend résolument en charge la diffusion des fonderies artisanales qui vont dépasser le cadre du Sénégal pour se répandre partout en Afrique. Selon E. Zangato (1997), les premiers artisans fondeurs à s'être implantés en Afrique centrale sont des Sénégalais et ce sont eux qui ont initié les artisans locaux.

Le créneau occupé par les fonderies artisanales couvrait à l'origine la confection d'ustensiles de cuisine, aussi bien pour les ruraux que les citadins. Cependant, avec l'approfondissement de la crise économique, et la dévaluation récente du franc CFA, avec comme corollaire le renchérissement des importations, ils s'attaquent aujourd'hui aux activités les plus inattendues comme nous avons pu le constater au cours de notre enquête.

La production sur support aluminium repose sur le principe de la fonderie. La matière première, d'origines très diverses, sommairement nettoyée est rassemblée dans de grandes cuves en fer pour être fondue. L'aluminium, dont le point de fusion est très bas (660 °C), présente des avantages certains pour des ateliers sommaires comme ceux qui sont utilisés par les artisans. Il est en outre le plus léger des métaux usuels, ce qui renforce ses performances dans l'usage domestique.

Le dispositif technique

Il est très sommaire et comprend quatre parties:

- une soufflerie manuelle composée d'une hélice à quatre palettes encastrées dans une enveloppe en fer. Cette pièce autrefois acquise dans le commerce est maintenant entièrement réalisée sur place par les artisans eux-mêmes à un coût équivalent du tiers au quart des engins industriels;
- une tuyère de raccordement qui relie le souffleur au foyer. Il s'agit le plus souvent d'un simple tube en fer, qui est enterré de manière superficielle;
- une cuve en fonte de fer devant recevoir les produits destinés à la fusion;
- l'énergie est fournie par un charbon de bois très fin, lui-même récupéré auprès des marchands de charbons de la place. Il s'agit de déchets constitués de menus fragments vendus entre 600 et 700 francs CFA le sac de 50 kg (décembre 1998).

2. Les matières premières

L'utilisation de l'aluminium concerne surtout les fonderies spécialisées dans la production des ustensiles ménagers et le moulage de pièces de rechange. La matière première provient essentiellement de la récupération à partir des engins mécaniques, particulièrement les blocs-moteurs (automobiles, machines à coudre, machines typographiques, etc.), de tuyauteries et de chutes diverses récupérées auprès des entreprises métalliques de la place.

Le prix d'achat de l'aluminium de récupération en vrac est d'environ 400 francs CFA le kilogramme. Il est alimenté par un circuit de collecte très développé qui dépasse largement la zone d'implantation des ateliers étudiés. Ce réseau de collecte s'approvisionne auprès des garages et décharges.

- Les garages: sur toute l'étendue de la région de Dakar, des garagistes mettent régulièrement au rebut des véhicules dont les moteurs sont très prisés par les collecteurs. Toutefois, en l'absence de grandes casses de véhicules, et de la forte récupération de pièces effectuée par les garagistes sur tous les véhicules abandonnés, ce n'est qu'après que les carcasses aient été totalement dépouillées qu'elles sont enfin livrées aux récupérateurs. Compte tenu de cette particularité, les collecteurs ratissent une très grande zone pour récupérer la matière première.

- Les dépotoirs: les collecteurs visitent aussi les points de dépôt des ordures ménagères, surtout dans les quartiers riches, pour récupérer tout ce qui peut l'être. Parmi les objets les plus prisés se trouvent les emballages en aluminium et les ustensiles au rebut du même métal qui sont directement livrés aux fonderies. Le point extrême de collecte est le dépotoir central de Mbeubeusse (environ 30 km à l'est de Dakar) où des familles entières vivent de la récupération dans des conditions d'hygiène très précaires. Les dépotoirs de la zone industrielle sont également de grands pourvoyeurs de matières premières surtout durant les opérations de renouvellement des installations.

3. La technique du moulage

La technique du moulage est très bien maîtrisée par tous les artisans rencontrés à travers les ateliers de Reubeuss et Colobane que nous avons visités en 1999. Elle procède d'un mode opératoire assez long, pour les produits les plus courants (marmites par exemple) et comprend les étapes suivantes:

1. préparation d'un sédiment argileux bien dégraissé qui servira de moule;
2. humidification légère du sédiment pour qu'il ne soit ni trop collant, ni trop mou;
3. préparation du sol, ce dernier est maintenu très plan;

4. mise en place d'une première couche mortier, celui-ci est ensuite bien compacté; Voir auteur

5. pose du moule et forte pression pour obtenir une impression nette du modèle;

6. retrait du moule;

7. la surface de l'empreinte est enduite d'un léger film de cendre très fine ou de poudre talc. Celle-ci a la préférence des artisans car elle permet d'avoir une surface moins rugueuse après le moulage, ce qui facilite la finition;

8. remise du moule;

9. l'artisan place au-dessus de cet assemblage un caisson en bois en vue de mouler la partie supérieure de la pièce;

10. le dessus du moule est recouvert d'un film de cendre;

11. le caisson est rempli à son tour de mortier;

12. le mortier est compacté;

13. deux à trois trous sont percés à travers la couche de mortier contenue dans le caisson jusqu'à butter sur le moule. Ils sont destinés à l'écoulement de l'aluminium fondu;

14. l'artisan fixe des repères à la base du caisson;

15. retrait du caisson qui s'enlève facilement avec son contenu;

16. retrait du moule. Il reste ainsi un espace creux qui correspond au modèle;

17. régularisation en vue de supprimer toutes les rugosités;

18. remise du caisson. L'artisan prend soin de respecter les repères prix en 14; Voir l'auteur

19. l'artisan verse l'aluminium en fusion à travers le trou de coulé réalisé en 13. Cette opération se fait avec un déversoir tenu par une pince longue d'environ 100 cm. Le refroidissement de l'aluminium en fusion étant très rapide, une fois hors du foyer, l'opération doit être réalisée avec une grande promptitude et beaucoup de maîtrise technique. À la moindre perte de temps, le liquide se solidifie entraînant une coulée incomplète et souvent une pièce défectueuse voire inutilisable. Cette étape du mode opératoire est toujours réalisée par les artisans les plus expérimentés;

20. une fois la coulée faite, le caisson est retiré et le moule brisé pour récupérer la pièce. Les étapes 19 et 20 sont réalisées en moyenne en 3 à 5 mn, suivant l'importance de la pièce. Des ratés de coulées peuvent cependant survenir, notamment si le métal en fusion ne pénètre pas rapidement et entièrement le moule. Dans ces cas, l'objet est le plus souvent refondu pour être recyclé.

4. La production et les prix

La production très variée sur support aluminium occupe beaucoup d'artisans. Parmi les articles les plus courants on retrouve:

les marmites: la fabrication des marmites pour des raisons fonctionnelles est très standardisée, avec une gamme de 14 modèles de contenance variable entre 40 kg et 0,5. Les enquêtes réalisées sur place et contrôlées auprès des revendeurs rendent compte d'une certaine harmonie aussi bien au niveau des caractéristiques que de la structure des prix, comme le montre le tableau 7.2:

Tableau 7.2: Prix des marmites

Contenance en kilogrammes	Prix gros.	Prix revente
40	25 000	30 000
30	18 000	20 000
15	10 000	15 000
10	8 000	10 000
7	4 000	6 000
6	3 500	5 000
5	3 000	4 000
4	2 500	3 500
3	2 000	3 000
2	1 750	2 500
1,5	1 250	2 000
1	1 000	1 800
0,5	800	1 500

Les «couscoussiers»: à chaque modèle de marmite correspond en principe un modèle approprié de «couscoussier» pour la cuisson à la vapeur. Cependant du fait que la partie percée de ce type de matériel est toujours plus réduite que son diamètre maximal, les artisans réalisent l'objet de sorte que l'ustensile puisse servir à plusieurs tailles de marmites. De ce fait, la gamme des «couscoussiers», sauf commande exceptionnelle, est plus réduite. Les prix varient de 2 500 francs CFA à 5 000 francs CFA.

Articles divers: ils sont très nombreux et touchent pratiquement tous les domaines ménagers, avec une forte propension à reproduire des modèles déjà existants. Parmi les objets les plus courants on note: les écuelles, les cuillères, les bols et assiettes, les encensoirs, les petits mortiers et pilons, etc.

Les moulages de pièces en aluminium: cette activité est aujourd'hui en plein essor du fait de la dévaluation du franc CFA qui oblige certains usagers à trouver des solutions locales à la défection de certaines pièces. Ces solutions, en principe transitoires, deviennent de plus en plus la règle, surtout pour les transports en commun de voyageurs.

Au cours de notre enquête, nous avons assisté à la réalisation de plusieurs ouvrages aux estimations diverses, parmi lesquelles: des pièces de lestage de bateaux, des hélices de refroidissement de radiateurs, des moulinets de cannes à pêche. Nous avons aussi assisté à la rectification (sic) d'un carter de voiture.

Notes

1. Diouf M. 1981. "Le problème des castes dans la société Wolof". *Revue sénégalaise d'histoire* 2(1): 25-37.

2. Bocoum H. 1986. *La métallurgie du fer au Sénégal. Approche archéologique, technologique et historique.* Thèse de doctorat de 3e cycle, Université de Paris I, 333p.

3. Diouf, M., 1983: Forgerons Wolof du Kajoor; Forgerons Sereer du Siin et du Jegem de l'époque précoloniale à nos jours". Thèse de 3e Cycle, Paris, EHESS-ORSTOM.

4. Bocoum, H., 1986. *La métallurgie du fer au Sénégal. Approche archéologique, technologique et historique.* Thèse de doctorat de 3e cycle, Université de Paris I, 333p.

5. Diouf, M., idem.

6. Il s'agit du chef des forgerons de la couronne.

7. Cette localité est consiérée par la tradition comme étant le centre historique des forgerons du Kajor.

8. Cette chronique est d'autant plus vraisemblable que le pays wolof n'était pas un important producteur de fer, d'où l'existence d'un axe commercial ancien, antérieur à l'arrivée des européens, et destiné à le ravitailler. Le fer provenait généralement des régions limitrophes, *Fuuta-Tooro*, Gambie et plus tard de Sierra Leone. Aussi, malgré les préjugés défavorables qui frappent aujourd'hui les hommes du fer dans la société wolof, nous pouvons supposer à travers l'exemple du *Kajoor* qu'ils ont été des pièces maîtresses dans le succès des mouvements migratoires et ont eu à jouer des rôles politiques majeurs. Ils constituent de nos jours encore les premiers des *Neeño* dans cette société.

9. Nous préférons le concept de client à celui de caste pour exprimer la nature des relations entre les forgerons et les agriculteurs. La pertinence du concept de cas, appliqué à la société sénégalaise nous parait équivoque. Il souffre en outre d'un traitement théorique suffisante.

10. Avec la réduction directe, il était possible d'obtenir du fer en phase solide avec des températures voisines de 1300 °C, ce qui n'était pas suffisant pour fondre le fer dont la température de fusion est de 1536 °C environ. L'accès aux hautes températures sera rendu possible en Europe avec l'utilisation de l'énergie hydraulique qui, en permettant un flux continu au niveau des soufflets, a permis d'atteindre jusqu'à 2000 °C. Le fer liquide aura de multiples applications car il était désormais possible de le mouler en lui donnant la forme souhaitée.

11. La satisfaction des besoins du pouvoir et de la population pour la défense et la mise en valeur du territoire pouvait en effet être réalisé dans le cadre de la production locale ou d'échanges assez limités (Èchard, 1983). Par ailleurs, suivant la finalité de l'activité de production, laquelle, n'étant pas tournée vers l'accumulation stricto sensu, le besoin d'un perfectionnement ne se faisait, sans doute, pas sentir au niveau des artisans.

12. Bocoum *et al*, 1988, L'apport de la métallographie fonctionnelle à l'interprétaton fonctionnelle de trois objets en fer du Sénégal, in *Revue d'archéométrie*.

13. Travailleurs saisonniers. Ils constituaient une main-d'oeuvre agricole abondante et bon marché.

Bibliographie

Bocoum, H. 1986, *La métallurgie du fer au Sénégal. Approche archéologique, technologique et historique*, Th. Doct. 3e cycle: Université de Paris I. 333.

Bocoum, H., Guillot, I. et Fluzin, Ph.. 1988, «L'apport de la métallographie fonctionnelle à l'interprétaton fonctionnelle de trois objets en fer du Sénégal», *Revue d'archéométrie*.

Diouf, M., 1981, «Le problème des castes dans la société Wolof». *Revue sénégalaise d'histoire* 2(1): 25-37.

Diouf, M., 1983, «Forgerons Wolof du Kajoor; Forgerons Sereer du Siin et du Jegem de l'époque précoloniale à nos jours». Th. 3e Cycle. Paris: EHESS-ORSTOM.

Fall, A., 1985, *Situation actuelle de l'environnement et de l'utilisation du parc de matériels de culture attelée en Basse Casamance: enquêtes menées dans quatre villages du Département de Bignona*. Mém. de confirmation. ISRA, Département de Recherches sur les Systèmes de Production et le Transfert de technologies en milieu rural, Dakar, 145.

Fall, A. et Ndiamé, F. 1990, «Rôle des forgerons traditionnels dans la maintenance du matériel de traction animale en Basse Casamance» in *Animal traction for Agricultural Développement*, les actes du 3éme atelier régional du ROATA organisé du 7 au 12 juillet 1988 à Saly au Sénégal.

Fall, A., 1997, *Methodology for evaluating the impact of animal traction at the farm level in a small-scale multi-cropping system (Basse Casamance, Sénégal)* (Vol I and II), Submitted to Michigan State University in partial fulfilment for the degree of Doctor of Philosophy, MSU, USA.

Fall, A. 1998, *Élaboration d'un programme-cadre de promotion de l'emploi rural dans la région de Tambacounda: Filière mécanisation agricole.* FAO/Projet SEN/97/001/A/08/12.

Fall, B.N., 1981, «Étude sur la situation et les perspectives de l'industrie du Machinisme Agricole au Sénégal» in *Première Consultation Régionale sur le Développement de l'Industrie du Machinisme Agricole en Afrique,* en Novembre, ONUDI/OUA/CEA/FAO.

Gaye, M., 1988, *Les forgerons et le matériel de culture attelée,* Dakar, ISRA/DRSAEA.

www.ingramcontent.com/pod-product-compliance
Lightning Source LLC
Chambersburg PA
CBHW021921020426
42334CB00013B/521